MARLENE SØRENSEN
STILVOLL

GOLDMANN
Lesen erleben

BUCH

Marlene Sørensen weiß, welche Kleidungsstücke Sie unbedingt im Kleiderschrank haben sollten und wie Sie sie am besten kombinieren. Dazu gibt es persönliche Tipps der angesagtesten deutschen Fashionistas: Model und Moderatorin Eva Padberg zeigt „Beste Abend-Looks". Sängerin Joy Denalane widmet sich dem „Tomboy Style". Schauspielerin Hannah Herzsprung und Stylistin Leena Zimmermann geben alles für den großen Auftritt auf dem roten Teppich. Und Kostümbildnerin Aino Laberenz sowie Stilbloggerin Jessica Weiß machen deutlich, dass eine gute Jeans genauso wichtig ist wie eine edle Seidenbluse. Außerdem gibt es praktische 5-Minuten-Lösungen für den Notfall, Ideen für jedes Budget und die besten Adressen. Das Must-have für alle, die Mode lieben!

AUTORIN

Marlene Sørensen, Jahrgang 1979, hat in London Journalismus studiert und schreibt nach Stationen bei *Amica* und *Vanity Fair* heute als freie Autorin für Magazine wie *Harper's Bazaar*, *Glamour*, *myself* und *ZEIT-Magazin* über Mode. Um Stil geht es auch auf ihrem erfolgreichen Blog *Spruced* (spruced.us), eine Kooperationsseite der deutschen *Vogue*, durch die sie ihre Liebe zur Fotografie entdeckt hat. *Stilvoll* ist ihr erstes Buch. Sie lebt mit ihrer Familie in Berlin.

IMPRESSUM

Sollte diese Publikation Links auf Webseiten Dritter enthalten, so übernehmen wir für deren Inhalte keine Haftung, da wir uns diese nicht zu eigen machen, sondern lediglich auf deren Stand zum Zeitpunkt der Erstveröffentlichung verweisen.

MIX
Aus verantwortungs-
vollen Quellen
FSC® C112556

Verlagsgruppe Random House FSC® N001967

1. Auflage
Vollständige Taschenbuchausgabe September 2018
Wilhelm Goldmann Verlag, München,
in der Verlagsgruppe Random House GmbH,
Neumarkter Str. 28, 81673 München
Copyright © 2016 der Originalausgabe: Verlag Georg D. W. Callwey GmbH & Co. KG
Umschlag: Uno Werbeagentur, München, nach einem Entwurf von Heike Wagner, München
Fotos: Marlene Sørensen; außer S. 60: Maja Wehle, S. 90: Sandra Semburg
Lektorat: Büro Anne Funck, München
Layout: Sophie Franke, Berlin
Satz: Uhl + Massopust, Aalen
Druck und Bindung: DZS Grafik, Ljubljana
Printed in Slovenia
KW · Herstellung: IH
ISBN 978-3-442-17763-9
www.goldmann-verlag.de

Besuchen Sie den Goldmann Verlag im Netz:

MARLENE SØRENSEN

Stil voll

INSPIRATION VON FRAUEN,
DIE MODE LIEBEN

GOLDMANN

INHALT

VORWORT

Hey, I put some new shoes on
And suddenly everything is right
I said, hey, I put some new shoes on
And everybody's smiling, it's so inviting
„New Shoes" Paolo Nutini

Als ich schon eine ganze Weile über dieses Vorwort nachgedacht hatte und mir nichts Schlaues einfallen wollte, habe ich hohe Schuhe angezogen. Nicht irgendwelche, meine schönsten: weinrote Sandaletten von Céline. Es hat lange gedauert, bis sie mir gehörten. Neu waren sie mir zu teuer und im Sale waren andere schneller. Ich hatte sie mir schon aus dem Kopf geschlagen, als eine Leserin meines Blogs schrieb, eine Bekannte würde ihre Céline-Sandaletten verkaufen, da habe sie gleich an mich gedacht. Die Leserin ist inzwischen eine Freundin. Nicht, weil sie mir zu den Schuhen verholfen hat. Geschadet hat es allerdings auch nicht. Denn, Himmel, wie ich sie liebe. Wenn ich sie anziehe, bin ich sofort in Ausgehlaune. Manchmal trage ich sie deshalb gerade dann, wenn ich etwas so Unerfreuliches zu erledigen habe wie die Steuererklärung. Meistens aber stehen sie nur so da und ich bin jedes Mal glücklich, sie zu sehen. Dieses Buch handelt jedoch nicht von High Heels. Um die geht es auch, aber nur am Rande. Es geht vielmehr um die Dinge, die einem Freude bereiten, wenn man sie trägt. In denen man sich sofort gut fühlt. Selbstsicher. Geborgen. Stolz. So sehr befriedigt, dass man nicht mehr darüber grübelt, was man anziehen soll. Es gibt ja verwirrend viele Möglichkeiten. Andauernd kommen frische Kollektionen auf den Markt, ständig lockt ein neuer Hype, irgendwo gibt es immer einen Sale, alles ist online erhältlich, und auf Instagram werden stündlich neue

Ein Modebuch beginnt man am besten, indem man sich wie eine Modebuchautorin fühlt. Das erleichtern Bleistiftrock, Seiden-T-Shirt und hohe Absätze.

Handtaschen vorgeführt. Braucht man diese Taschen auch? Und zwar jetzt auf der Stelle? Oder etwas ganz anderes? Egal, erst mal los, irgendwas kaufen. Und dann steht man doch wieder vor dem Kleiderschrank und findet nichts zum Anziehen.

Meistens bin ich mir aber scheinbar so sicher, wie ich gerne aussehe, dass eine mir unbekannte Blogleserin ahnt, auf welche Schuhe ich stehe. Hinter dieser Stilsicherheit steckt kein großes Geheimnis. Ich schaue mir vor allem an, wie es andere Frauen machen. Was sie anhaben. Wie sie es tragen. Worauf sie achten. Also habe ich die Frage danach, wie man vor lauter Möglichkeiten seinen eigenen Stil findet, Frauen gestellt, die ihren gefunden haben.

Einige von ihnen arbeiten in der Modebranche, doch längst nicht alle. Im Kapitel „Die Klassiker" stellen Alex Eagle (Designerin und Kreativchefin von The Stores Soho House und Alex Eagle Studio), Jessica Weiß *(Journelles)*, Claire Beermann (Modejournalistin) und Franziska Steinle (rewardStyle) Basics vor, die zum Grundstock jeder Garderobe gehören sollten. Worauf sich Sängerin Joy Denalane, Kostümbildnerin Aino Laberenz und Digital Influencer Maja Weyhe

Meine Top 5: *Sandaletten von Céline. Weil ich in ihnen besser denken kann. | Jeans von Cos. Weil ich auf diese Jeans ständig angesprochen werde. Und so eine Jeans braucht jede Frau. | Hemdkleid von Rika. Weil ich mich darin gleichzeitig smart und entspannt fühle. | Leinen-T-Shirt, hier in Grau von H&M. Immer weit geschnitten, immer gut. | Brille von Chanel. Weil ich sie brauche. Mehr noch, weil ich mich ohne sie nackt fühle.*

in ihren Kleiderschränken verlassen, erfährt man im Kapitel „Die neuen Klassiker", in dem auch Alex Bohn (Autorin und Gründerin von Fair-a-Porter), Claudia Zakrocki (Chefredakteurin *Refinery29 Germany*), Fanny Moizant (Vestiaire Collective) und Joyce Binneboese (Wald Store) ihre Lieblingsstücke zeigen. „Alles fürs Ausgehen" kennt Model und Musikerin Eva Padberg. Charlotte Kraska von Anita Hass und Model Lisa Marie Dahlke führen in „Alles ab 25 Grad" vor, wie man im Sommer modisch nicht ins Schwitzen gerät. In „Alles unter Null" beweisen Yogalehrerin Michaela Aue und Fotografin Sandra Semburg, dass sich Komfort und Stil auch im Winter vereinbaren lassen. „Alles außer gewöhnlich" sind die Schauspielerin Hannah Herzsprung und ihre Stylistin Leena Zimmermann. Im gleichen Kapitel erklärt das Design-Duo Ambacher Vidic, wie man das perfekte Hochzeitskleid findet. Ariane Stippa (Beautybloggerin und Visagistin), Stefanie Luxat (Autorin) und Malin Elmlid (The Bread Exchange) wissen dagegen, wie man in der Schwangerschaft entspannt gut aussieht. All diese Frauen verbindet, dass sie vieles andere zu tun haben, als über Klamotten nachzudenken. Sie bringen morgens ihre Kinder in die Kita, fahren ins Büro, haben Termine, gehen abends ins Restaurant. Sie haben interessante Leben. Ihre Kleidung muss dabei mithalten.

Sie alle verraten, welche Mode sie lieben. Ich verrate, was man sich von ihnen abschauen kann, um seinen eigenen Stil zu definieren. Außerdem gibt es Rat, wie ein Blazer sitzen muss, worauf man bei

Cashmere achten sollte und wie man die perfekte Jeans findet. Ich bin nämlich davon überzeugt, dass eine Jeans glücklich machen kann. Ich glaube, dass ein kleines Schwarzes mehr ist als ein Stück Stoff und ein Trenchcoat vervollständigt. Einige dieser Teile besitzen Sie vielleicht schon. Falls ja, finden Sie hier viele Ideen, was Sie damit Neues anstellen können. Falls nicht, erfahren Sie, was sich anzuschaffen wirklich lohnt.

Vielleicht geht es Ihnen ja wie mir und Sie kaufen ein bestimmtes Teil immer wieder. Vielleicht experimentieren Sie gerne mit Trends. Ganz gleich, welcher Typ man ist: Jeder will morgens etwas aus dem Kleiderschrank ziehen, mit dem er sich gut angezogen fühlt. Wenn ich in meinen Kleiderschrank gucke, sehe ich die Frau, die ich schon bin, und die, die ich auch sein könnte. Ab und zu kauft sie seltsame Dinge, aber auch die gehören zu ihrem Stil. Manchmal wünscht sie sich längere Beine, um Minis zu tragen, aber dann erinnert sie sich, dass ihr hochtaillierte Hosen stehen. Sie fragt sich, ob sie ständig Schwarzes anziehen sollte oder doch öfter etwas Buntes probieren müsste.

Ich habe beim Schreiben und Fotografieren dieses Buches immer wieder festgestellt, dass Mode nicht kompliziert sein sollte, sondern dabei helfen kann, Klarheit über sich zu gewinnen. Ich hoffe, dass Sie beim Lesen entdecken, was das Richtige für Sie ist. Noch mehr hoffe ich, dass Sie über (meine) Fehlkäufe lachen werden. Humor erleichtert das Leben. Humor – und weinrote Sandaletten von Céline.

DIE

———

Klass

Trenchcoat, Seidenbluse und Blazer sind Klassiker, die man für immer trägt. Hat man schon mal gelesen. Aber stimmt das überhaupt? So unvergänglich, wie sie wirken, sind sie schließlich nicht, auch klassische Kleidungsstücke verändern sich in Schnitt und Form. Dennoch wird man sie länger tragen als jedes „Das brauche ich JETZT"-Teil. Und solang man sie anhat (5 Jahre, 10, 20, bis man sie der Tochter vererbt), wird man über seine Kleidung nicht nachdenken müssen. Klassiker sind in ihrer Unkompliziertheit alternativlos. In diesem Kapitel zeigt die Journalistin und Modebloggerin Claire Beermann, wie man auch mit altbekannten Basics seinen Stil neu definieren kann. Franziska Steinle, Account Manager bei rewardStyle, erklärt ihre Liebe zu gestreiften Tops. Alex Eagle, Kreativchefin und Designerin, verlässt sich auf eine unaufdringliche Uniform, dank der sie morgens gerade mal sieben Minuten zum Anziehen braucht. Und Jessica Weiß, die in ihrem Blogazine *Journelles* ständig über das Allerneueste berichtet, erzählt, warum sie immer wieder zur Seidenbluse zurückkehrt.

Das Hemd als schulterfreies Top,
Carmenbluse oder den Klassiker
ganz einfach verkehrt herum tragen –
warum denn nicht? Ein Treffen
mit **Claire Beermann,** die zeigt,
wie man mit bekannten Basics spielt
und sie charmant neu kombiniert.

Der schnelle Stiltrick: männliche Schnitte mit femininen Nuancen ausbalancieren. Das verkehrt herum getragene Maßhemd lässt einen schmalen Rückenausschnitt frei, die Handtasche von Paula Cademartori sticht zur Hose von 3.1 Phillip Lim hervor.

"J edes Mal, wenn ich meine Eltern besuche, hat mein Vater ein Hemd weniger im Schrank", sagt Claire Beermann und zupft sich ihre jüngste Beute zurecht. Es ist ein korrektes Herrenhemd, das sie verkehrt herum angezogen und am Steißbein geknotet hat, dazu trägt sie eine weit ausgestellte, beige Hose und eine knallbunte Handtasche. Falls sie mitbekommt, dass sie bei unserem Fototermin an der Berliner Friedrichstraße interessiert beobachtet wird, lässt sie es sich nicht anmerken. Was anderen Frauen als ausgefallen auffällt, empfindet sie als „Das trag ich heute ins Büro"-normal. „Ein so klassisches Teil wie das Hemd fordert regelrecht dazu heraus, es anders zu tragen", sagt sie und erzählt von einem weiteren Fund aus Papas Garderobe, ein Van-Laack-Hemd, das sie zur Carmenbluse umgeschneidert hat. Selbst genäht ist auch die schwarze Krawatte, die sie zu einem hochgeschlossenen blauen Hemd von Mads Nørgaard trägt. Das Modell von WoodWood gehört am besten über die Schultern nach hinten gezogen, findet sie.

Ihre Experimente entstehen mit Bedacht, vor allem aber aus der Unbekümmertheit, mit der sie Mode gleichzeitig ernst nimmt und Spaß daran hat. Claire, die für das *ZEITmagazin* und auf ihrem Blog *C'est Clairette* über Stilthemen schreibt, erinnert sich an eine Fashion Week in New York, als es in ihrer Mietwohnung nur einen briefmarkengroßen Spiegel gab. „Ich habe immer erst in der Reflexion der U-Bahn-Fenster gesehen, wie ich aussah." Hatte sie keine Angst, Nieten zu ziehen? Immerhin ist eine Modewoche auch für das Publikum ein großes Schaulaufen. „Ohne Spiegel wurde ich sogar furchtloser. Ich mag es, etwas zu riskieren. Es ist okay, wenn dann nicht jedes Outfit gleich gut funktioniert." Den Streetstyle-Fotografen fiel sie unter den übrigen Besuchern zumindest nicht dadurch auf, dass sie sich blindlings angezogen hatte. Im Gegenteil. Ihre Looks wurden unter den Pfauen als absolut charmant wahrgenommen. Kleines Schwarzes können viele. Aber über einer Trainingshose?

Das ist vermutlich der richtige Moment zu erwähnen, dass Claire 22 Jahre alt ist. Nicht weil man jung sein muss, um modische Kühnheit zu besitzen. Sondern weil es bemerkenswert ist, wie selbstbewusst sie sich kleidet, ohne erst einen Kleiderschrank voller Fehler gemacht zu haben. „Meine Mutter hat mich stark geprägt", sagt sie. „Sie liest keine Modezeitschriften und interessiert sich nicht für Trends, sie achtet eher darauf, was andere Frauen tragen, und lässt sich davon inspirieren. Sie zieht sich für sich an." Von ihr habe sie sich abgeschaut, sich bei Mode auf die eigene Intuition zu verlassen.

Ein so klassisches Teil wie das Hemd fordert regelrecht dazu heraus, es anders zu tragen.

Beides sieht man ihrer Garderobe an, die erstaunlicherweise auf eine Kleiderstange passt. Daran hängt dann ein leuchtend orangefarbener Rock von Jacquemus neben einem neidgrünen Kaftan aus Beirut. Ein bombastischer Hosenrock von Tibi neben einem asymmetrischen Flatterkleid von Acne, das sie zu ihrem Abi-Ball getragen hat. Was fehlt, sind die bekannten Basics.

Wo sind ihre schwarzen Hosen, blauen Blazer, weißen T-Shirts? Hat sie nicht. „Manchmal denke ich: Solltest du dir nicht ein weißes T-Shirt kaufen? Aber dann finde ich immer etwas Aufregenderes. Ich kaufe mir eher wenig, dafür teure Sachen, bei denen ich auf den ersten Blick denke, das ist zu gaga, das geht nicht. Wenn ich 200 Euro für ein Teil ausgebe, muss es wirklich herausstechen." Sie holt ein Paar extravagante Mules von Sophia Webster hervor, auf denen sie durch die Turnschuhstadt Berlin stöckelt oder in die sie einfach mal zuhause schlüpft. „Ich überlege beim Einkaufen nicht, zu wie vielen Gelegenheiten ich ein Teil tragen kann. Ich trage es einfach, weil es mir Spaß macht. Wenn ich morgens etwas Originelles anziehe, habe ich das Gefühl: Heute wird ein besonderer Tag."

WAS MAN VON CLAIRE LERNEN KANN

Eine reduzierte Garderobe macht erfindungs-
reich. „Selbst Freundinnen denken, ich hätte
einen Haufen Klamotten. Dabei trage ich meine
Sachen nur immer wieder anders."

Auch ausgefallene Teile will man lang tragen,
wenn man sie aus Überzeugung kauft. Und sie die
richtigen Partner in der Garderobe haben. „Beim
Einkaufen halte ich mich an einen Rat, den ich
mal auf *The Man Repeller* gelesen habe: Wenn dir
nicht sofort drei Teile aus deinem Kleiderschrank
einfallen, die du dazu kombinieren kannst, häng
es wieder zurück."

Ein Rat von Claires Mutter: „Bei teuren Teilen
immer eine Nacht drüber schlafen."

Die eigenen Maschen zum Markenzeichen
machen. „Ich mag schulterfrei, ich mag hochtaillierte Hosen, ich mag Streetwear-Elemente." Dem
bleibt sie treu und variiert den Rest.

Hemden gerne eine Nummer zu groß nehmen.
Das bietet mehr Möglichkeiten. Und sieht auch
klassisch geknöpft zu einer schmalen Jeans wie
hier von Levi's (Bild oben) und J Brand (rechts)
immer gut aus."

Claire schneidert Hemden auf ihren Geschmack zu, entweder buchstäblich an der Nähmaschine oder mit Accessoires wie einer DIY-Krawatte.

WAS KANN ICH MIT EINEM  ALLES ANSTELLEN?

Wer unter Modekennern auffallen will, braucht keine Chanel 2.55 oder Zwölf-Zentimeter-Stilettos, es reicht ein schlichtes Hemd, vorgeführt von Claire Beermann auf den vorangegangenen Seiten. Wie man sich das diskrete Erkennungszeichen der Eingeweihten sonst noch vorknöpfen kann und was das über die eigene (Hemd-)Persönlichkeit sagt:

Der „Ich arbeite für *Vogue Paris*"-Look: Tragen nicht nur die Redakteurinnen des vielbeschworenen Modemagazins, aber die Voguettes haben es perfektioniert. Dazu steckt man das Hemd vorne in den Bund einer schwarzen Skinny Jeans oder Lederhose und lässt es hinten raushängen. Signalisiert: Französische Coolness, *n'est-ce-pas?* Funktioniert am besten mit: Herrenhemden, Denimshirts. Leitfigur: *Vogue*-Chefredakteurin Emanuelle Alt.

Der „Ich werde ständig von Streetstyle-Fotografen geknipst, tue aber so, als sei mir das egal"-Look: Ähnelt dem vorherigen Stil, mit dem Unterschied, dass hier die unteren drei Knöpfe offen gelassen werden und nur ein vorderer Hemdzipfel in der Hose steckt. Dazu ein eng geknotetes Seidentuch um den Hals. Signalisiert: Ach, das olle Ding? Das trag ich schon ewig. Funktioniert am besten mit: Hemden, die man dem Freund klaut, verwaschenen Seidenshirts. Leitfigur: Designerin und Stilbarometer Elin Kling.

Der „Ich leite ein Imperium"-Look: Hemd hochgeschlossen zu einem bodenlangen Ballrock oder zu einer tiefergelegten Hose, dann mit den oberen drei Knöpfen offen. Signalisiert: #likeaboss. Funktioniert am besten mit: weißen Baumwollhemden, Chambray-Hemden, Army-Shirts. Leitfigur: Jenna Lyons, kreatives Zentrum von J. Crew.

Der „Mein inneres Zuhause ist Portofino"-Look: Hemd oben zuknöpfen, die unteren drei Knöpfe offen lassen und die Zipfel knoten. Entweder zu einem Bleistiftrock, einer Denimshorts oder einer hochtaillierten Hose tragen. Signalisiert: einen Reisepass mit vielen Stempeln. Funktioniert am besten mit: einem weißen Hemd. Leitfigur: Modepersönlichkeit Olivia Palermo.

Der „Ich bin die Chefredakteurin meines eigenen Stilblogs"-Look: Trügerisch einfach, da man dazu lediglich ein großes Hemd braucht. Trügerisch, denn es erfordert Geschick, das Hemd so zum Rock zu knoten, dass es nach „OMG!" statt DIY aussieht. Das Hemd durchknöpfen, wobei man die oberen Knöpfe auslässt, dann in den Halsausschnitt einsteigen und die Ärmel vor der Hüfte locker knoten. Signalisiert: Kreativität. Funktioniert am besten mit: einem dezent gestreiften Herrenhemd. Leitfigur: Sabrina Meijer von intoit-magazine.com.

Der „Ich begreife Mode auf intellektueller Ebene"-Look: Hier steckt die Kunst nicht im „wie man es trägt", sondern im „was man trägt". Eine Tunika über einer weiten Hose. Ein Hemdkleid unter einem Wickelrock aus Leder. Ein Pyjamahemd zur Pyjamahose. Signalisiert: eine modische Vordenker-Rolle. Funktioniert am besten mit: Teilen, die nicht jeder sofort versteht. Leitfigur: Céline-Designerin Phoebe Philo.

Der „Mein Hemd gehört dem Drummer, den ich gerade date"-Look: Dieses Hemd trägt man, locker um die Hüfte gebunden, zu Röhrenjeans oder einem bodenlangen Slip Dress. Signalisiert: Weiblich, ledig, jung. Funktioniert am besten mit: Karohemden. Leitfigur: Kurt Cobain.

Der schnelle Stiltrick: Zum unprätentiösen Marinière goldene Ohrclips kombinieren und roten Lippenstift dick auftragen.

SO TRAGE ICH ...
DAS MARINIÈRE

Franziska Steinle

Hand hoch, wer das hier liest und nicht mindestens ein Streifenshirt besitzt. Na? Keiner? Dachte ich mir. Jede Frau, die ich kenne, und beinahe alle, die ich für dieses Buch getroffen habe, besitzen sogar gleich mehrere Tops mit Querstreifen. Kostümbildnerin Aino Laberenz mag die bunte Lurex-Version von Miu Miu (Seite 62). Visagistin und Beautybloggerin Ariane Stippa begleiten die Oberteile durch die Schwangerschaft (Seite 164). Und Franziska Steinle trägt die Ausführung, die an das typische Marinière erinnert. Erfunden wurde der Pullover im 19. Jahrhundert für die französische Marine, um in Not geratene Seefahrer in den Wellen besser zu finden. Seit Coco Chanel es in die Mode geholt hat, gilt das Marinière als Symbol für französische Leichtigkeit. Für einen Hauch Paris im Kleiderschrank, auch wenn dieser fest in Paderborn steht.

Franziska, die in London lebt und dort bei reward-Style täglich mit trendaffinen Bloggern zu tun hat, beschreibt es so: „Das Marinière verkörpert für mich Fernweh, Jugend und Unvernunft. Es ist so unkompliziert, dass man es schick kombinieren oder ganz entspannt tragen kann. Ich sehe es wie einen Komplizen, der mich niemals hängen lässt." Aus ihrem Stapel mit gestreiften Shirts zieht sie besonders oft dieses von Comme des Garçons an. „Ich verbinde damit ein wunderschönes Wochenende in Paris, an dem ich diesen kleinen Schatz in einem Laden auf der Rue du Faubourg Saint-Honoré gefunden habe."

Möglich, dass Franziska das Top auch ohne diese Erinnerung schön fände. Aber solche Geschichten erzählen den persönlichen Stil – nicht nur bei einem Marinière –, besonders dann, wenn ein Kleidungsstück so unglaublich bekannt ist. Man sieht's und denkt automatisch an Brigitte Bardot an einem Strand in Cannes, an Jean Seberg und ihre Garçonne-Frisur, an die moderne französische Muse Caroline de Maigret. Diese Eindrücke können aber auch dabei helfen, sich ein viel getragenes Teil anzueignen. Man muss nicht wie Brigitte Bardot aussehen, um ein gestreiftes Top zu tragen. Die Vorstellung von ihr schafft aber einen Rahmen, in den man sein eigenes Bild setzt. Anders gesagt: Wenn jemand toll aussieht – nachahmen!

Mit dem Marinière fällt es leicht, denn es ist erschwinglich, alterslos und tausendfach verwendbar, ob man es lieber als dicken Pullover zu hochgerollten Jeans und Espadrilles trägt oder als eng anliegenden Rolli zu Wickelrock und Turnschuhen. Oder eben zu einer Marlenehose und Chanel-Ballerinas. Noch zwei Klassiker, die sich Franziska ganz zu eigen macht.

FRANZISKA EMPFIEHLT die Marinières von Amor Lux *(armorlux.com/de)*, Saint James *(saintjames.de)* und Comme des Garçons *(comme-des-garcons.com)*. Gute gibt es auch bei Marken wie Ganni (im Bild oben, *ganni.com*), J. Crew *(jcrew.com)* oder Mads Nørgaard *(madsnorgaard.dk)*.

WENIGER ist MEHR

Rucksack von Mansur Gavriel | Schultertasche von PB0110 | Shopper von Horizn Studios

GUT ZU WISSEN

Lust auf eine Designerhandtasche, aber keine Lust auf Wartelisten und den vollen Preis? Vestiaire Collective *(vestiairecollective.com)*, Rebelle *(rebelle.com)* und Portero *(portero.com)* bieten Luxusware aus zweiter Hand.

DIE HANDTASCHE

Es ist nicht bekannt, was Jane Birkin damals alles in ihrer Korbtasche dabei hatte, so dass die beim Verstauen im Flieger auseinanderbrach. Sicher ist, dass es genau im richtigen Moment passierte. Denn zufällig saß an diesem Tag Jean-Louis Dumas-Hermès im Flugzeug. Birkin, so heißt es, beklagte sich, dass sie keine geräumige Ledertasche finden könne. Dumas-Hermès skizzierte prompt einen Entwurf auf eine Serviette – und drei Jahre später kam die *Birkin Bag* auf den Markt. Das war im Jahr 1984. Die Wartezeit für eine *Birkin*, Einstiegspreis knapp 5000 Euro, ist bis heute so lang wie die Seine.

Was lernen wir daraus? Jede Frau schleppt zu viel Zeug in ihrer Handtasche mit sich herum. Und: Eine gute Tasche wird mit dem Alter nur begehrenswerter. Bezeichnenderweise trägt die It-Bag (zu diesem Begriff gleich mehr) von Hermès kein erkennbares Logo und keine protzigen Beschläge, das zurückhaltende Design mit zwei Henkeln und einem kleinen Schloss ist trotzdem sofort wiedererkennbar. An dieser genialen Einfachheit kann man sich orientieren, um selbst eine Handtasche zu finden, die wie für einen gemacht ist. Auch wenn man nicht mit dem Geschäftsführer eines Luxusmodehauses bekannt ist.

Die perfekte Tasche erkennt man nicht an der Saison, in der sie gekauft wurde, sondern daran, dass sie auch nach Jahren noch gefällt. Womit wir beim Thema It-Bags wären. Neben den Klassikern wie der *Birkin*, der *2.55* von Chanel und der *Kelly*, ebenfalls Hermès, gibt es jede Saison eine Handvoll Taschen, die „es" haben. Die Mischung aus Handwerk, Rarität, Preis und Status, die ansonsten vernünftige Frauen besinnungslos macht. Bis die nächste Tasche kommt. Die Empfehlung, sich aktuell etwa eine *Faye* von Chloé, die *Petite Malle* von Louis Vuitton oder die *Puzzle Bag* von Loewe zuzulegen, hat sich daher in ein paar Monaten überholt. Einerseits. Andererseits kämen höchstens modische Wichtigtuer auf die Idee, jemanden auf den Jahrgang seiner Handtasche anzusprechen.

Entscheidend ist bei der Wahl der Tasche ganz einfach, ob sie zu einem passt. Bevor man ein Monatsgehalt (oder drei) dafür ausgibt, sollte man dennoch ernsthaft überlegen, ob sie auch noch gefällt, wenn sie nicht gerade frenetisch auf Instagram abfotografiert wird. Überhaupt kann man bei Handtaschen antizyklisch handeln. Am besten trägt man sie dann, wenn alle anderen schon auf die nächste It-Bag anspringen und darüber den Verstand verlieren.

Eine Tasche, von der alle Freundinnen wissen wollen, woher man sie hat, findet man auch, ohne die Kreditkarte massiv zu belasten. Schlicht schön sind zum Beispiel die Kollektionen von Mansur Gavriel, PB0110, Cuyana, James Castle, Building Block oder Meli Melo, die jede Saison zwar um neue Designs erweitert werden, aber stilistisch auf Linie bleiben und sich keinen Moden unterordnen. Für jeden Tag eignet sich ein Modell in Schwarz oder einer neutralen Farbe wie Grau, Braun oder Naturleder, das ein Outfit vollendet, ohne von ihm abzulenken. Gerade zu monochromen Looks passt eine Tasche in einer Kontrastfarbe. Puderrosa, Tomatenrot, Froschgrün – klar, warum nicht. Man muss nur entscheiden, ob man am Handgelenk immer Froschgrün sehen will.

Wichtig ist noch, wofür man die Tasche braucht. Transportiert man ständig einen Laptop? Dann eignet sich eine Tote oder, wer es sportlich mag, ein Rucksack. Wer mit Kalender, Portemonnaie und Smartphone auskommt, nimmt ein kleineres Format. Doctor oder Bowling Bags sind damenhafter, Bucket Bag oder Hobo lässiger. Für eine handliche Schultertasche müsste man all die Zettel, doppelten Lipbalms, Ladekabel und Haargummis allerdings wirklich mal ausräumen. All jenen, die vor lauter Möglichkeiten keine Entscheidung treffen können, zum Schluss noch ein Rat in Gelassenheit von Jane Birkin: „Eine *Birkin* ist ein exzellenter Regenhut. Tragen Sie alles, was Sie sonst brauchen, in einer Plastiktüte."

Schön schlicht: die Bucket Bag Penny von James Castle.

Der Bleistiftrock

ODER DIE FRAGE, FÜR WEN MAN SICH EIGENTLICH ANZIEHT

Um diesen Text zu schreiben, trage ich genau genommen das Falsche, nämlich eine Jogginghose. Gegen die Jogginghose ist nichts einzuwenden. Sie ist bequem, in der Bauchregion nachgiebig, was vorteilhaft ist, da ich beim Schreiben konstant esse, und ich kann mich in ihr gemütlich mit meinem Laptop aufs Sofa brezeln. In einem Bleistiftrock ginge das nicht. Trotzdem, oder gerade deshalb, träume ich manchmal davon, nicht zuhause, sondern in einem Büro zu arbeiten, um von neun bis fünf einen *pencil skirt* zu tragen.

Ich behaupte immer, dass ich mich für mich selbst anziehe. Das klingt stilsicher, selbstbewusst und nach der richtigen Überzeugung für eine Frau im 21. Jahrhundert. Wenn das wirklich wahr ist, muss ich mich an Tagen wie heute jedoch fragen, was ich eigentlich von mir halte. Das Ensemble aus ausgebeulter Jogginghose, einem T-Shirt, das mal weiß war, und einem Cardigan von meinem Mann trage ich jedenfalls nicht, weil ich mir so gut darin gefalle.

Für den Mann habe ich mein heutiges Outfit sicher auch nicht angezogen. Ich kleide mich allerdings generell selten, um ihn zu beeindrucken. Es ist schön, wenn er mag, was ich anhabe. Doch seine Meinung zur objektiven Scheußlichkeit von Dingen hat mich noch nie davon abgehalten, etwas zu kaufen. Spontan fällt mir zu Kleidung, die ich nicht für meinen Mann trage, ein: Birkenstocks, Haremshosen, Schluppenblusen.

Für wen ziehe ich mich dann an? Ich gebe mir schon Mühe, die Zusteller der DHL nicht vollkommen zu verschrecken. Wobei sie mich wahrscheinlich trotzdem als „Die Frau mit der lustigen Palmenfrisur" abgespeichert haben. Meinem Sohn ist bloß wichtig, dass seine Mama eine Handtasche trägt, in der reichlich Platz für Kekse ist. Wenn meine eigene Mama zu Besuch kommt, tue ich ihr, und mir, manchmal den Gefallen, etwas Geschmacksneutrales anzuziehen. Ich finde, wir haben Wichtigeres zu bereden, als wie viele Löcher bei einer Jeans zu viele sind. Für die Kollegen? Die sehe ich nur noch selten, seit ich zuhause arbeite. Wenn ich mit einer modischen Freundin zum Mittagessen verabredet bin, bereitet es mir umso mehr Vergnügen, Schuhe anzuziehen, die sie sofort als „Proenza Schouler, Herbst/Winter 2015/16" erkennt. Dann kauen wir eine Stunde lang durch, was gerade auf den Modenschauen/in den Stilblogs/bei Instagram los ist, und sind glücklich und satt.

Bei einer dieser Freundinnen war ich vor Kurzem abends zum Essen in reiner Frauenrunde eingeladen. Ich finde, wenn jemand einen einlädt, bekocht und mit gutem Wein versorgt, sollte man das mindestens damit anerkennen, dass man sich für ihn feinmacht. Es ist eine Frage von Respekt. Also kramte ich die High Heels raus und zog ein Seidenkleid an. „Das Kleid!", rief die Freundin, als sie mir die Tür aufmachte. „Ich weiß!", rief ich zurück und freute mich noch mal mehr, dass ich mich schick gemacht hatte. Für sie, doch vor allem: für mich.

Karl Lagerfeld hat einmal gesagt: „Wer eine Jogginghose trägt, hat die Kontrolle über sein Leben verloren." Die Ausschließlichkeit, die er hier beansprucht, hat er sich mit über 80 Jahren verdient. Mir gefällt trotzdem besser, wie es die Schriftstellerin Amy Fusselman in einem Essay über ihre pragmatische Mama-Uniform ausgedrückt hat: „Ich muss mich wieder zurechtmachen – weil dem Zurechtmachen selbst eine Schönheit innewohnt."

Anziehen sollte ein Akt der Selbstliebe sein. Andernfalls wäre Kleidung ein reiner Gebrauchsgegenstand und nicht etwas, das einen bewegt und verführt. Und wie groß die Verführung sein kann, ist jedem bekannt, der in der Umkleide schon mal in ein Outfit geschlüpft ist, das nicht im Budget vorgesehen war und für das es keinen besonderen Anlass gibt. Bloß findet man sich darin so fabelhaft, dass man sich sofort ausmalt, wo man es tragen könnte. So bin ich etwa zu dem Jumpsuit gekommen, den ich auf Seite 94 trage. Ich knipste ein Bild in der Umkleide und schickte es einer Freundin mit der Nachricht: „Ist es

verrückt, ein zu teures Outfit für seine Buchparty zu kaufen, obwohl das Buch noch nicht mal halb geschrieben ist?" Weil sie eine gute Freundin ist, antwortete sie: „Tu einfach so, als würde es ein Bestseller."

Wer sich schön kleidet, signalisiert sich selbst gegenüber Wertschätzung. Er redet sich sozusagen gut zu. Und kommuniziert gleichzeitig nach außen, wie er wahrgenommen werden möchte. Als erhabene Bestsellerautorin. Als entspannte Yogalehrerin. Als cooles Turnschuhmädchen. Ganz gleich, wen man darstellt, die Selbstgewissheit, die man in der passenden Kleidung spürt, fällt auf. Doch das Gefühl, das einem ein perfekt hochgeschlagener Hemdkragen gibt, eine weich fallende Seidenhose oder der Auftritt in derben Doc Martens, genießt man ganz für sich. Es stimmt also doch, wenn ich sage: Ich ziehe mich für mich an.

An manchen Tagen halt nur in meiner Vorstellung. Ohne Jogginghose, bilde ich mir ein, wäre ich heute bestimmt produktiver. In einem Bleistiftrock würde ich jetzt mit überschlagenen Beinen an einem Schreibtisch mit Marmorplatte sitzen, den ganzen Tag extrem bedeutende Sätze formulieren und überhaupt genial sein. Sich so anzuziehen, als hätte man alles im Griff, hilft dabei, alles im Griff zu haben. Sollte dieser Text also nicht großartig geworden sein, weiß ich, woran es liegt.

Alex Eagle sucht für die Soho House Stores und ihr eigenes Modegeschäft, was andere Frauen tragen wollen. Hier verrät sie, was sie selbst gerne anzieht, wie die perfekte Alltagsuniform aussieht und was ihr größter Luxus ist.

Alex in ihrer „Rüstung" aus Blazer von Pallas, Hose von Alex Eagle Collection, Strickpullover von The Row und Loafer von New & Lingwood, dank denen sie morgens in sieben Minuten fertig ist.

Wir stehen schon eine Weile vor ihrem Kleiderschrank, als Alex mich fragt, wie lange ich morgens brauche, um fertigzuwerden. Ich überlege kurz und antworte dann: „Zu lange dafür, dass ich meine Outfits selten besonders durchdacht finde. Du?"

„Sieben Minuten."

„Sieben Minuten? Ach komm!"

„Nein, wirklich."

„Verrat mir dein Geheimnis."

„Erstens, die Wimpern färben lassen. Das erspart einem meistens das weitere Make-up. Fehlt nur noch ein Lippenstift und den nehme ich mit."

„Und dein Outfit?"

„Ich greife einfach in den Schrank. Was ich rushole, passt zusammen."

Ich frage mich, ob ich neidisch oder bloß ungläubig sein soll, und werfe noch mal einen Blick in ihre Garderobe. Oben gibt es Fächer für Taschen, unten für Schuhe, dazwischen hängt die Kleidung an weißen Bügeln, farblich sortiert von hell zu dunkel, in einem Schrank die Oberteile, im nächsten die Unterteile und Kleider, im dritten Jacken und Mäntel. Alles hat seinen Platz. Neidisch, definitiv. Wenn ich sieben Minuten Zeit habe, bin ich auch angezogen. Die Frage ist bloß, wie. Alex sieht so großstädtisch aus wie die Londonerin mit einem Loft in Soho, die sie ist: schmale schwarze Hose, ärmelloser, cremefarbener Strickpullover, Doppelreiher und Samtslipper. Sie nennt es ihre „Rüstung", eine Uniform für jeden Tag. „Ich glaube, dass Frauen oft denken, sie müssten sich dauernd verändern und könnten nicht immer das Gleiche tragen. Aber wenn das Wenige aus gutem Material ist und perfekt geschnitten, will man gar nichts anderes anziehen."

Alex hat viel ausprobiert, um mit 32 zu ihrer modischen Identität zu finden, hat bei Magazinen gearbeitet und in der Mode-PR, Orte, an denen sie jung Zugang zu Designerkollektionen hatte. Zwei Frauen haben sie in dieser Zeit geprägt. Carmen Borgonovo, der sie in der Moderedaktion der britischen *Harper's Bazaar* begegnete. „Sie war unheimlich clever darin, wenig, aber mit Bedacht zu kaufen – einen Smoking, eine Lederjacke von Balenciaga, einen gestreiften Cashmerepullover. Von ihr habe ich gelernt, weniger sprunghaft zu shoppen." Die zweite Frau war Louise Trotter, bis heute die Kreativchefin der Marke Joseph. „Sie entwirft für Frauen, die viel zu tun haben und nicht zwei Stunden Zeit

aufbringen können, sich mit der Auswahl der richtigen Accessoires zu beschäftigen. Louise hat drei Kinder, sie arbeitet hart, ihre Kleidung muss funktionieren. Den schlichten Luxus, den ihre Kollektionen ausstrahlen, finde ich inspirierend." Noch ein Wendepunkt, der ihren Stil beeinflusste: Sie wurde 30. „In den 20ern wollte ich mich ständig verändern und habe nonstop für ein Leben eingekauft, das ich gar nicht führe. Mit 30 wusste ich, okay, das ist meine Figur, so sehe ich aus. Das war eine Befreiung."

Für mich besteht der größte Chic in Mühelosigkeit.

Sie entdeckte Labels mit zeitlosem Anspruch wie Christophe Lemaire, Rosetta Getty und The Row für sich, die sie inzwischen im Alex Eagle Studio in der Londoner Lexington Street und in den Soho House Stores in England und Berlin verkauft. Kleider hängen dort zwischen Kunst, Möbeln, Designgegenständen und Beautyprodukten, die es ebenfalls zu kaufen gibt, jeder Artikel ist ein bewusst gewähltes Luxusprodukt. In dieser Atmosphäre möchte man nicht bloß shoppen, man würde gerne in die Läden einziehen. Aus der Mode ein komplettes Lifestyle-Konzept zu stricken war dabei eine ebenso schlaue wie offensichtliche Idee von Alex. Im wahren Leben ist Kleidung schließlich auch Teil des Ganzen. Ihr kompromissloser Anspruch an Design überzeugte Marken wie New & Lingwood oder Swaine Adeney Brigg, zwei unerschütterlich britische Institutionen, Sonderkollektionen für Alex zu entwerfen.

Es wirkt fast altmodisch, wie viel sie in unserem Gespräch von Funktionalität und Qualität redet. Werte, die ihr auch bei der Entwicklung ihrer eigenen Kollektion wichtig sind. Die durchdachten Seidentops, Blazer und Hemdkleider von Alex Eagle Collection sind Investmentstücke, die mehr kosten als Saisonware, aber über Jahre begleiten sollen. „Ich hoffe, dass meine Mode das Leben vereinfacht", sagt sie. „Die Idee ist: Wenn man die Teile nebeneinander in den Schrank hängt, passt jedes einzelne davon zu allen anderen. Für mich besteht der größte Chic in Mühelosigkeit."

WAS MAN VON ALEX LERNEN KANN

❶

Nach dem „Kann ich es aus dem Laden auf die Straße tragen?"-Prinzip einkaufen. „Ich habe aufgehört, Dinge zu kaufen, für die ich abnehmen müsste, um reinzupassen, die nur mit unfassbar hohen Schuhen gut aussehen oder gemacht sind für einen Traumurlaub, der eh nicht stattfindet."

❷

Perfektion erwarten. Bei schlichter Kleidung fällt sofort auf, wenn etwas schludrig genäht, schlecht proportioniert oder im Design unstimmig ist. Präzision kostet oft mehr, zahlt sich aber aus.

❸

Auf Marken setzen, die diese Schlichtheit perfektioniert haben. Label wie Ellery *(elleryland.com)*, Dion Lee *(dionlee.com)* und Acler *(us.acler.com.au)* spielen gekonnt mit Volumen und Proportionen. Überzeugend trendresistent: Raey *(über matchesfashion.com)*, Studio Nicholson *(studionicholson.com)*, Totême *(toteme-nyc.com)*, Atea Oceanie *(ateaoceanie.com)* und La Ligne *(lalignenyc.com)*.

❹

Eine Garderobe wie die von Alex mit viel Schwarz und Weiß wirkt erst recht nicht eintönig, wenn man die Texturen abwechselt. Vorteil: Seide zu Mohair, Leder zu Denim oder Lack zu Baumwolle ist gerade in Monochrom interessant.

❺

Eine persönliche Silhouette finden. Bleibt man dabei, prägt sich ein Stil ein – der nicht davon abhängt, ob man viel Schwarz und Weiß trägt.

WORAUF MUSS ICH BEI EINEM  Blazer ACHTEN?

1 Jackenlängen richten sich nach der Mode, die Passform eines Blazers ist nicht verhandelbar. Die obere Ärmelnaht sollte bündig mit der Schulter abschließen und der Ärmel genau am Handgelenk enden, wenn man den Arm im 30-Grad-Winkel beugt. Außerdem muss man die Arme vorm Körper verschränken können, ohne dass die Rückennaht spannt.

2 Wenn alles sitzt, kommt es darauf an, welcher Blazer zu den eigenen Proportionen passt. Wer klein ist, wird in einem langen Jackett noch kleiner wirken und in einem Oversize-Modell verschwinden. Umgekehrt sehen kurze Blazer an Hochgewachsenen nach Kindergröße aus.

3 Ein guter Leitfaden, um zum richtigen Schnitt zu finden, ist, das Revers auf die Schultern abzustimmen. Breite Schultern = breites Revers. Schmale Schultern = schmales Revers.

4 Das Modell, das den meisten Frauen steht, ist ausgerechnet der *boyfriend cut*, ein Schnitt, den man an der breiteren Schulter und der abgerundeten Vorderkante erkennt.

5 Ein zweiter Schnitt, der in jeden Kleiderschrank passt, ist der *tuxedo cut*. Die Smokingjacke kann man zu Drinks am Wochenende tragen und erst recht an einem Montag im Büro.

6 Da man den Blazer oft tragen wird, sollte er das Outfit zusammenhalten. Schwarz, Grau oder Blau passen in die meisten Garderoben. Nicht automatisch mit „Wann soll ich das tragen?" ausschließen: Weiß. Tadellos für den Sommer.

7 Das beste Material ist ein feiner Wollstoff. Varianten: grauer Flanell, besonders im Frühling und Herbst, Baumwollkrepp, gerade für weiße Jacken, oder ein Tweed mit Hahnentritt, perfekt für doppelreihige Blazer.

8 Eine kleine Veränderung, die einen großen Unterschied macht: Knöpfe austauschen. Ein erschwinglicher Blazer sieht mit stoffüberzogenen Knöpfen, Gold- oder Hornknöpfen plötzlich nach Kapitalanlage aus.

9 Apropos Goldknöpfe. Ein seriöses Teil verträgt es, wenn man dazu mindestens ein Element kombiniert, das die Akkuratesse durcheinanderbringt. Ein Doppelreiher in Navy wirkt etwa gar nicht mehr spießig, wenn er zum Beispiel mit einer Marlenehose und einem *cropped top* getragen wird.

10 Der Besuch beim Maßschneider ist eine Investition, aber eine, die man nicht bereut. Schlau angelegt ist das Geld auch bei Labels wie Reiss *(reiss.com)*, Joseph *(joseph-fashion.com)* oder Theory *(theory.com)*. Auf Trends bei Schnitten reagiert dagegen keine Marke so schnell wie Topshop *(topshop.com)*.

ha yeah
PALLAS
THE COCKTAIL PARTY
A Comedy by
T. S
ELIC
MRS DAVID BAILEY
In Cold Blood
Truma
Capot
ISCHA

EINER *für* IMMER

DARAUF SPAREN
Der Klassiker von Burberry mit dem prägnanten Check-Innenfutter *(burberry.com).* Ebenfalls für die „Den schenk ich mir eines Tages"-Liste: ein Trenchcoat von A.P.C. *(apc.fr,* hier im Bild), Lemaire *(lemaire.fr)* oder Protagonist *(protagonist.com).*

SOFORT KAUFEN
Bei Asos *(asos.de)* oder Topshop *(topshop.com)* gibt es den Mantel jede Saison in aktuellen Varianten, zum Beispiel in Pastelltönen, mit Prints oder in fließenden Stoffen.

DER TRENCHCOAT

Um die Wirkung des Trenchcoats zu verstehen, muss man sich nur *Frühstück bei Tiffany* anschauen. Es reichen sogar die letzten fünf Minuten des Films. Weil die so schön sind, noch mal zur Erinnerung: Audrey Hepburn ist auf halbem Weg nach Brasilien, um dort einen Millionär zu finden, der sie von ihrem trostlosen Partyleben erlöst. George Peppard, der sie so liebt, wie sie ist, sitzt im Taxi neben ihr und redet auf sie ein. Sie stellt sich stur und setzt vor lauter Entschlossenheit, alles hinter sich zu lassen, ihre Katze aus. Peppard reicht's! Er wirft ihr einen Ring hin und flüchtet aus dem Wagen. Hepburn kämpft mit sich und den Tränen, dann läuft sie ihm hinterher. Sturzregen, ihr Augenaufschlag, sein weiches Herz. Der Kuss. Und Schnitt.

Muss noch erwähnt werden, dass sie (und er übrigens auch) einen Trenchcoat trägt? An dem kommt man in einem Buch über Mode so wenig vorbei wie daran, *Frühstück bei Tiffany* zu erwähnen. Aber warum sollte man es überhaupt versuchen? Beide, der Trenchcoat und der Film, sind vollkommen. Dieser Mantel ist wie gemacht für entscheidende Momente. Audrey Hepburn trägt ihn ja nicht, weil er so hervorragend gegen Regen schützt. Die weite Form, der hochgeschlagene Kragen, der fest geschnürte Gürtel – man muss kein Psychologe sein, um darauf zu kommen, dass das alles dem Selbstschutz gegen emotionale Ungewitter dient. Stellt man sich die gleiche Szene mit ihr in einem Parka vor …

Ein Trenchcoat ist niemals lächerlich. Im Gegenteil. Jeder, der ihn trägt, gewinnt an Format. Selbst Frauen, die man für vollendet hält, werden durch den unscheinbaren beigen Mantel ein wenig ewiger. Marlene Dietrich zum Beispiel, die ihn schon anhatte, als er nur für Männer gemacht wurde. Oder Jackie Kennedy, mit gigantischer Sonnenbrille und wehenden Haaren auf der Fifth Avenue. Catherine Deneuve in *Die Regenschirme von Cherbourg.* Sophia Loren. Faye Dunaway. Françoise Hardy. Falls diese Frauen zum Trenchcoat griffen, um unergründlich und mysteriös zu wirken, hat es funktioniert.

Das tut es noch immer. Da er schon so viel Haltung in sich trägt – Burberry entwickelte ihn nicht umsonst für Soldaten –, ist fast nebensächlich, was man dazu anzieht. Fast. Französisch sind schmale Jeans, Rollkragenpullover und Ankle Boots. Wie gesagt: Françoise Hardy. Sie dient auch zur Inspiration, wenn man Minikleid und Kitten Heels zum Trenchcoat wählt, was mit einem schnell hingemalten Lidstrich und verwuschelten Haaren gleich weniger adrett aussieht. Im Gegensatz dazu schenkt der Mantel einer zerrissenen Jeans und Turnschuhen sofort mehr Raffinesse. Außergewöhnlich effektiv ist er allerdings als Ablenkungsmanöver. Wenn man keine Zeit hat, sich ein besonderes Outfit zu überlegen, wirkt ein Trenchcoat immer angezogen.

Der schnelle Stiltrick: Den Trench, wenn es das Wetter zulässt, locker gürten statt zuknöpfen. Wirkt nicht nur bei einem Burberry-Mantel weniger kleinkariert.

SO TRAGE ICH ...
DIE SEIDENBLUSE

Jessica Weiß

Was würde man machen, wenn man seine komplette Kleidung selbst entwerfen könnte. Alle Teile, die man immer schon haben wollte. Die perfekte Garderobe. Jubelsprünge! Oder womöglich doch nicht. Denn wo fängt man da überhaupt an?

Als Jessica Wciß sich ihre eigene Modekollektion ausmalte, war sie zumindest sicher, dass die Teile klassisch und bleibend sein sollten. Mit ihrem Blogazine *Journelles,* in dem es um Mode, Beauty und Design geht, hat sie sich als eine unverwechselbare Stimme etabliert – eine individuelle Sprache für ihr Label Jouur zu entwickeln, war eine neue Herausforderung. Umso mehr, da sie sich gleich an ein so vertrautes Kleidungsstück wie die Seidenbluse wagte, Jessicas Herzstück in der Kollektion und in ihrem Kleiderschrank. „Die Seidenbluse war immer ein Favorit, aber keines der Modelle, die ich schon hatte, war exakt wie für mich gemacht."

Erster Schritt in der Kollektionsentwicklung: die eigene Garderobe durchgehen und entscheiden, welche Elemente sie behalten und welche sie verändern würde, um diese Mischung auf eine unentbehrliche Seidenbluse zu reduzieren. Nicht nur für sie. „Sie ist auf meinen Körper zugeschnitten, nicht auf ein Size-Zero-Model, das macht einfach einen Unterschied bei der Tragbarkeit." Ebenfalls auf ihrer Prüfliste: Tiefer V-Ausschnitt, damit die Bluse unter einem Blazer gut fällt – check. Häkchen im Ausschnitt, damit man sie nicht nur geschlossen, sondern auch offen über einem Trägertop anziehen kann – check. Geraffte Bündchen

als sportliches Element und damit geschoppte Ärmel oben sitzen bleiben – check, check. In den Farben Dunkelblau, Schwarz und Cremeweiß, die sich nahtlos in jeden Kleiderschrank einreihen – check, check, check.

Zu unserem Treffen kommt Jessica in dem Modell in Schwarz und Herrenhose. Die Bluse, die den Namen *Jessie* trägt – wenn schon eigene Kollektion, denn schon –, kombiniert sie in Cremeweiß am liebsten zur Jeans-Culotte und *Faye*-Tasche von Chloé. Eine Seidenshorts, die in Kombination mit der *Jessie* zum Ausgeh-Pyjama wird, hat sie gleich auch noch für Jouur entworfen. Nichts zu sehen von der Spießigkeit, die Seidenblusen mal hatten, als *personal assistants* noch Vorzimmerdamen hießen.

Überhaupt kann die Seidenbluse so entspannt wie ein T-Shirt getragen werden, denn wie ein T-Shirt passt sie zu den meisten Hosen oder natürlich zur Jeans. Mit dem Unterschied, dass ein Outfit mit Bluse eine apartere Präsenz hat. Neben den gedeckten Farben schmeicheln verwaschene Pastelltöne. Der Partner für eine weibliche *Jessie*-Bluse: ein maskulineres Seidenhemd. Solche, die man selbst auch nicht besser hätte entwerfen können, gibt es von Equipment *(equipmentfr.com)*.

DREI ADRESSEN FÜR SEIDENBLUSEN: Thone Negrón *(thonenegron.com)* für zweifarbige Blusen, die es jede Saison in neuen Kombinationen gibt. Dorothee Schumacher *(dorothee-schumacher.com)* für erwachsene Eleganz. Céline *(celine.com)* für ausgefallene Schnitte, die im Alltag Luxus sind.

Der schnelle Stiltrick: Eine lange Halskette ist zum tiefen V-Ausschnitt eine reizvolle Zugabe. Die passende gibt es zum Beispiel auf Seite 40–41.

WENIGER ist MEHR

DIE SCHUHE

„Und", fragt der Mann, als er gerade ins Zimmer kommt, „worüber schreibst du?"

„Über die perfekten Schuhe", antworte ich.

„Die hast du doch noch gar nicht gefunden."

„Wie kommst du darauf?"

„Sonst würdest du dir nicht ständig neue kaufen."

„Das ist eben das Streben nach Perfektion. Und so oft kaufe ich mir doch gar nicht neue Schuhe. He, wo gehst du hin?"

„Deine Schuhkartons zählen."

„Komm auf der Stelle zurück!"

„Angst vor der Wahrheit?"

„Nee. Ich kann dir einfach auch, ohne nachzuzählen, sagen, dass man nicht mehr als fünf Paar Schuhe braucht."

„Wohl eher 50."

„Pah!"

„Liebling, es gibt einen Grund, warum ich unseren Postboten den Schuhmann nenne."

„Dein umwerfender Sinn für Humor?"

„Weil er nichts anderes liefert!"

„Aber immer Variationen der gleichen Schuhe. Ballerinas, gerne auch spitz, oder Slides. Schnürschuhe. Pumps mit Fünf-Zentimeter-Absatz, auf denen man bequem laufen kann und trotzdem über den Dingen steht. Turnschuhe. Und ein Paar, das man im Vorbeilaufen kauft, weil der Stil gerade angesagt ist."

„Was ist mit Sandalen?"

„Über die schreibe ich natürlich im Sommerkapitel. "

„Verstehe. Aber erklär mir doch mal, warum im Regal so viele Schuhe mit Absätzen stehen, auf denen man bequem höchstens sitzen kann."

„Weil man die auch braucht. Schuhe, die glitzern und funkeln und einen daran erinnern, dass man manchmal eine Frau sein kann, die in Stilettos durchs Leben stolziert, statt immer nur die Frau, die in ihrem pragmatischen Schuhwerk vorankommt."

„Pragmatisches Schuhwerk – wie Samtballerinas."

„Nur weil etwas nützlich ist, muss es ja nicht danach aussehen."

„Mir ist übrigens aufgefallen, dass schon seit Wochen ein Paar Loafer auf deinem Schminktisch steht."

„Ich bring's einfach noch nicht fertig, sie anzuziehen."

„Schuhe, die man nicht anzieht. Vermutlich hast du auch dafür eine Erklärung."

„Gerade bei teuren Schuhen überlegt man lang. Man träumt von ihnen und malt sich aus, wozu man sie tragen wird. Wenn man sie dann endlich hat, will man sie noch eine Weile länger genießen, bevor sie Macken und Schrammen bekommen. Und man neue kaufen muss."

„Wie eine Droge."

„Wie eine Liebe, die man immer wieder neu erlebt. Und jetzt lass mich schreiben. Ich muss heute noch den Text über Sonnenbrillen schaffen. Ach, wart mal, dabei kannst du mir helfen. Was war noch mal der Grund, warum ein einziger Mann zwölf Sonnenbrillen braucht?"

„Das Streben nach Perfektion."

Die hat der Schuhmann gebracht (v.o.):
Ballerinas von Scarosso, Turnschuhe von
Nike, Slingbacks von Ganni, Schnürschuhe,
ebenfalls Scarosso, und ein „Schuh der
Saison" von Zara.

Die 5-Minuten-Lösung

Die 5-Minuten-Lösung ist das Outfit, nach dem man morgens mit geschlossenen Augen greifen kann und damit dennoch nicht aussieht, als habe man sich im Dunkeln angezogen. Vermutlich haben sich Männer den Anzug schon aus diesem Grund als (Berufs-)Uniform angeeignet. Was sie perfektioniert haben: Beim Schnitt keine Kompromisse erlauben (mehr zur Passform beim Blazer auf Seite 30). Klassisch ist ein schmaler Zweiteiler wie dieser von Fonnesbech *(fonnesbech-cph.com)*, immer angebracht in dunkelblauer oder schwarzer Wolle, selten angebracht in einem glänzenden Synthetikmaterial, das leicht billig aussieht. Da ein tadelloser Anzug nie aus der Mode kommt, gleich noch einen zweiten dazunehmen. Einer mit fließender Silhouette – dieser gerne schimmernd aus Seide – fällt im Sommer so leicht wie ein Kleid und ist der feminine Gegenentwurf zur Montur der Geschäftsmänner. Erst recht, wenn man dazu ein fadenscheiniges T-Shirt und Converse trägt.

DARAUF SPAREN
Die eleganten Anzüge von Stella McCartney sehen auch von der Stange aus wie eine Maßanfertigung *(stellamccartney.com)*.

SOFORT KAUFEN
Die minimalistischen Anzüge von Tiger of Sweden sehen teurer aus, als sie sind *(tigerofsweden.com)*.

DER LETZTE SCHLIFF

Er soll persönlich sein. Herausstechen und doch zu allem passen. Auch neu angeschafft so aussehen, als gehöre er schon ewig zu einem, denn mit ihm will man eine Bindung eingehen, die länger hält als eine Saison. Bezeichnenderweise sind es oft Frauen, die genau den zarten Schmuck entwerfen, den man für sich selbst sucht. Die Designs von Sabrina Dehoff *(sabrinadehoff. com)*, Saskia Diez *(saskia-diez.com)* oder Jana Patz *(the-medleyinstitute.com)* sind ungekünstelt und diskret, dabei ganz und gar nicht alltäglich. Sophie Buhai entwirft skulpturale Stücke, von denen schon eines reicht, um die Gesamterscheinung eleganter erscheinen zu lassen *(sophiebuhai.com).* Von Maria Blacks feinen Ringen kann man, als persönliches Detail, dagegen gleich eine ganze Handvoll tragen *(maria-black.com).*

DARAUF SPAREN

Ein X-Ring von Eva Fehren, der auch frisch aus der Vitrine eine zeitlose Anmutung hat *(evafehren.com)*.

SOFORT KAUFEN

Eine lange Halskette wie die *Small Bell* von Ina Beissner *(inabeissner.com)*, die hier zu sehen ist. Gute Idee, wie Jessica Weiß sie auf Seite 34 trägt.

Die Extras

Haargummis | Sollte die sorgfältig geföhnte Frisur vom Morgen gen Nachmittag in sich zusammenfallen, kann man mit einem zauseligen Pferdeschwanz so tun, als sei das stets Absicht gewesen. Für diesen Trick, wie für jede gewollte Frisur, braucht es Haargummis, die nicht ziepen, nicht kletten und nicht ausleiern. Die gibt es von Blax, heißen *snag-free elastics* und sind genial *(snagfree.org).*

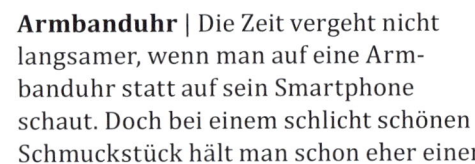

Armbanduhr | Die Zeit vergeht nicht langsamer, wenn man auf eine Armbanduhr statt auf sein Smartphone schaut. Doch bei einem schlicht schönen Schmuckstück hält man schon eher einen Moment inne, um es zu bewundern. Während man von der *Tank* von Cartier fantasiert, über eine Uhr von Daniel Wellington nachdenken *(danielwellington.com, hier die Classic Lady Bristol).*

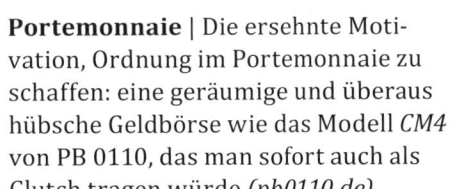

Portemonnaie | Die ersehnte Motivation, Ordnung im Portemonnaie zu schaffen: eine geräumige und überaus hübsche Geldbörse wie das Modell *CM4* von PB 0110, das man sofort auch als Clutch tragen würde *(pb0110.de).*

Lippenstift | „Schönheit bedeutet für mich, sich in der eigenen Haut wohlzufühlen. Das oder ein geiler roter Lippenstift." Dieser Botschaft von Gwyneth Paltrow ist nichts hinzuzufügen. Außer, dass im Sommer und zu helleren Hauttypen ein Orangerot passt (zum Beispiel *Lana* von Nars oder *TOR* von Uslu Airlines) und im Winter, und zu dunkleren Teints, ein bläuliches Rot (beispielsweise *La Précieuse* von Chanel oder *Russian Red* von MAC).

Nagellack | Nicht nur Personalchefs wissen: Der erste Eindruck entscheidet sich beim Händeschütteln. Gepflegt wirkt die Maniküre, die nicht nach Maniküre aussieht. *Mademoiselle* von Essie trifft den „So gut wie unsichtbar"-Farbton genau *(essie.de).*

Gürtel | Ein Gürtel schnürt ein Outfit zum Gesamtpaket. Drei gehören in die Garderobe: ein schmaler, ein breiter und einer zur Abwechslung, zum Beispiel geflochten, aus Ponyhaar oder in einer anderen Farbe als die zwei ersten in Schwarz und Braun. Zu finden etwa bei Acne *(acnestudios.com)*, American Apparel *(americanapparel.net)* und & Other Stories *(stories.com).*

DIE NEUEN

—

Camel ist das neue Schwarz, die Bikerjacke ist das neue Jackett, und Jeans erfreuen mit ihrer Verlässlichkeit immer wieder erneut. Das sind die Dinge, die nicht nach *nine to five* aussehen, in denen wir uns dennoch jeden Tag gut fühlen. In diesem Kapitel zeigt die Sängerin Joy Denalane, warum sich Urban Wear und Cartier perfekt ergänzen. Für die Modejournalistin Alex Bohn ist das Jeanshemd ein treuer Begleiter, und für Fanny Moizant, Mitgründerin von Vestiaire Collective, ist es das T-Shirt. Joyce Binneboese vom Wald Store weiß, warum man in Sneakers leichter durchs Leben geht, und Claudia Zakrocki von Refinery29 Germany, warum man das auch mit der Bikerjacke tut. Die Instagram-Sensation Maja Weyhe experimentiert gekonnt mit *oversized* Silhouetten und Kostümbildnerin Aino Laberenz mit Denim. Denn keine Regeln ist die neue Stilregel.

Berlin ist eine ewig unfertige Stadt. Großartig, findet **Joy Denalane,** die hier aufgewachsen und zuhause ist. Zu Besuch bei der Sängerin, die Perfektion überbewertet und Turnschuhe erst richtig gut findet, wenn sie hässlich sind.

Es ist nur ein kleines Detail, aber als Joy Denalane an einem Faden ihrer abgeschnittenen Jeans zieht, kommt sie darauf, was ihren Stil ausmacht. Eigentlich sollte sie den Faden abschneiden, nur fehlt ihr für solche Feinheiten die Muße. „Ich lege Wert darauf, gut auszusehen, aber ich mag es nicht, wenn alles perfekt ist", sagt sie. „Mir gefallen Risse, und das ist etwas, das Berlin immer hatte und mich durch alle Moden begleitet hat. Darin hat mich die Stadt geprägt."

Sie ist in der Kurfürstenstraße 1 mitten in Schöneberg geboren, später zog die Familie ans Gleisdreieck in Kreuzberg, heute lebt die Soulsängerin mit ihrem Partner, dem Musiker Max Herre, und den beiden Söhnen in einem Charlottenburger Altbau. Ihre Biografie ist im Westen verwurzelt, unterwegs war sie, besonders nach dem Mauerfall, in der ganzen Stadt. „Es gibt so viele verschiedene Kieze, in denen etwas stattfindet, und um schnell von A nach B zu kommen, habe ich mich früh auf Turnschuhe festgelegt." Auch, um mit den Brüdern mitzuhalten. Die Eltern waren beide berufstätig, also schleppten die sechs und acht Jahre älteren Jungen sie überall mit hin, „manchmal lieber, manchmal weniger gern". Oft war sie das einzige Mädchen. Die Erfahrung, anders zu sein, wurde dadurch verstärkt, dass sie „nicht gerade wie das durchschnittsdeutsche Kind aussah". Das Bewusstsein für eine multikulturelle Gesellschaft, in der eine südafrikanisch-süddeutsche Familie in Berlin als nichts Außergewöhnliches empfunden wird, hatte sich noch nicht entwickelt. „Ich habe nicht bewusst gelitten, aber ich war immer eher der Außenseiter. In dieser Zeit habe ich gelernt, mich durchzusetzen, wenn es drauf ankam. Denn natürlich habe ich mir bei den Jungs ganz genau angeschaut, mit welchen Waffen sie kämpfen."

Ihre Art ist bis heute eher rau als weich, findet sie. Bei drei Männern – die Söhne sind im Teenageralter – geht es zuhause eh „entschieden unrosa" zu. Sie mag inzwischen eine bürgerliche Mama sein, ihr Stil ist der eines Tomboy geblieben, und dafür bedient sie sich schon aus Bequemlichkeit ab und zu an der Garderobe von Max. Seine dunkelblaue Bomberjacke von A Bathing Ape, die sie hier trägt, hängt längst auf ihrer Seite des Kleiderschranks.

Borrowed from the boys war für sie dabei nie bloß eine modische Spielerei, sondern ein Mittel, um Position zu beziehen. Erstmals richtig verortet fühlte sie sich in ihrem Stil, als Hiphop nach Berlin kam. „Plötzlich konnte ich mich identifizieren, denn die Helden des Hiphop waren Schwarze." Die kniekehlentief getragenen Jeans, bei denen oben die Boxershorts rausguckten, die rückwärts gedrehten Kangol-Kappen, die Cazal-Brillen à la Run D.M.C. – hat sie alles mitgenommen. Von damals ist die Zuneigung zu *Nike Airmax 95* geblieben, den sie von ihren vielen Turnschuhen am liebsten trägt. „Dieser Schuh ist auf eine Weise hässlich, die mich fasziniert", sagt sie und lacht.

Ich lege Wert darauf, gut auszusehen, aber ich mag es nicht, wenn alles *perfekt* ist.

Die Berlinerin tut sich auf ihre Art eben doch gerne hervor, nur nicht für die Masse, sondern für die Peergroup, die den Sinn für formunschöne Sneaker teilt oder erkennt, dass ein Sweatshirt nicht irgendein Sweatshirt ist, sondern eine Sonderedition für 032c von dem Künstler Cali Thornhill DeWitt, der auch das Merchandise für Kanye West macht. Typisch für Joy ist aber auch, dass sie diese Kleidercodes immer wieder knackt und zu Jeans und Pulli eine damenhafte Uhr von Cartier und Ohrstecker mit Südseeperlen kombiniert. „Ich mag es, wenn Dinge nicht plakativ sind, sondern erst auf den dritten Blick auffallen. So erschließt sich die Person über ihre Brüche."

Ihre zehn Jahre alten Timberland-Stiefel hat Joy irgendwann durch neue ersetzt. Heute trägt sie wieder die alten, gerne zur aufgerollten Jeans von Closed, denn sie haben mehr Charakter.

WAS MAN VON JOY LERNEN KANN

Wabi-Sabi. Wabi was?
„Das japanische Konzept, dass dem Unperfekten
die größte Schönheit innewohnt."

Kleidungsstücken die Zeit schenken, Patina an-
zusetzen. Ein ausgefranstes Bündchen an einer
Bomberjacke ist kein Grund, sie wegzuwerfen, und
ein zehn Jahre altes Paar Timberlands kann besser
aussehen ein als neues.

Hypes mit Gelassenheit nehmen. „Exklusivität reizt
mich nicht. Ich kaufe am liebsten im Sale ein. Da erschließt sich für mich der wahre Wert einer Ware."

An den üblichen Läden vorbeischauen, um besondere Mode zu entdecken. So hat Joy zum Beispiel das
Berliner Label Looky Looky *(lookylookyposse.de)*
und den Wald Store *(wald-berlin.de)* entdeckt.

Von den Eltern lernen. „Meine Mutter und mein
Vater haben mich als Teenager die unmöglichsten
modischen Phasen durchlaufen lassen, ohne etwas
zu sagen, weil sie es wichtiger fanden, dass ich
mich entfalte. Als Mutter von Teenagern kann ich
gar nicht genug betonen, wie cool ich das finde."

Der Mix aus Urban Wear wie von Nike oder 032c und Echtschmuck wie von Cartier macht Joys Stil aus. Und ihre ununterdrückbar frohe Ausstrahlung.

WAS KANN ICH VON *Männern* LERNEN?

1 In der Mode hält es der Mann wie mit dem Kochen: Sobald er die Zutaten gesehen hat, hält er sich für einen Experten – wie jede Frau weiß, die es schon mal mit einem (modischen) Mann zu tun hatte. Die Lektion: Nie die eigene Kompetenz hinterfragen. Selbstverständlich hat man Ahnung!

2 Da ist sich der Mann schon deshalb sicher, weil er unanfechtbare Vorbilder hat. Die Frau findet, sie sollte wahnsinnig individuell aussehen. Der Mann würde gerne einfach so aussehen wie Paul Weller, Zeitraum circa 1972 bis heute. Die Lektion: Du sollst Idole haben.

3 Dabei hat der Mann genug Selbstverständnis, den Stil seiner Ikone nicht eins zu eins zu übernehmen. Oder ist es Respekt? In jedem Fall besteht seine Gabe darin, es beim Nachahmen nicht zu übertreiben. Die Lektion: Orientieren statt kopieren.

4 Wenn er sich erst mal auf einen Look festgelegt hat, bleibt er dabei. Was einen irre macht, wenn er mal wieder seinen Kapuzenpulli von der Abifahrt anzieht. Seine Loyalität gilt aber insbesondere Sachen, die gut altern. Vielleicht, weil er weiß, dass er dann seltener einkaufen muss. Die Lektion: Wiederholung ist nicht vorhersehbar, sondern gradlinig.

5 Der Zweck des Einkaufens besteht für ihn nicht darin, etwas Neues zu entdecken, sondern das Alte noch mal zu finden. Sein Motto: *Never change a winning team!* Und wenn er mehr Geld hat, kauft er auch das Gleiche wie immer, nur von einer besseren Marke und aus schönerem Material. Die Lektion: Nicht austauschen, aufrüsten.

6 Und sollte er nicht finden, was er braucht, kauft er … nichts. Nichts! Die Lektion: Okay, einem Mann ginge das zu weit, es ist jedoch in seinem Sinne, Einkaufslisten zu schreiben – für die Saison und für immer – und nicht davon abzuweichen. Nahezu unmöglich, doch man wird sich über „Endlich! Der perfekte Trenchcoat" auf Dauer mehr freuen als über „Mmh, nettes Sommerkleid für heute Nachmittag?".

7 Es gibt einen Grund, warum er morgens so viel schneller ist als man selbst. Er hat schlicht weniger Zeug. Die Lektion: Limitierung erspart Kosten, Nerven und Zeit.

8 Er kann sich bei Kleidung so sehr über Kleinigkeiten freuen wie über einen spektakulär reingezimmerten Freistoß seines Fußballhelden. Und kann genauso ausgiebig darüber fachsimpeln. Kragenweiten, Hosennähte, Denimwaschungen – alles immens wichtig, wenn man ihm so zuhört. Die Lektion: Perfektion steckt in den Details.

9 Über seinen Kapuzenpullover mag er „Der ist doch noch gut!" sagen, im Grunde ist er unsentimental. Was nicht mehr passt – zum Körper, zum Alter und zum Leben –, wird aussortiert. Die Lektion: Kleide dich für die Gegenwart.

10 Nicht von ihm lernen, von ihm klauen. Es gibt schließlich so viel für Männer, das wie für Frauen gemacht ist. Hemden von Charvet *(28, place Vendôme, 75001 Paris)*, Parka von Baja East *(baja-east.com)*, Bomberjacken von Schott *(schottnyc.com, im Bild)*, T-Shirts von Sunspel *(sunspel.de)*, Sweatshirts von Closed *(closed.com)* …

SO TRAGE ICH ...
DAS JEANSHEMD

Alex Bohn

Mit dem Jeanshemd ist es wie mit einem netten Kerl: Er tut alles für einen, erträgt viel, aber so recht will man ihn neben aufregenderen Typen nicht wahrnehmen. Armer Kerl, keine Frage. Wenn er schlau ist, macht er sich aus dem Staub. Das Jeanshemd hingegen bleibt hängen. Eine gute Gelegenheit, sich seine Qualitäten klarzumachen.

„Das Jeanshemd sendet zwei Signale. Sein Schnitt sagt: Ich bin ein Klassiker und fühle mich auch bei formellen Anlässen wohl. Sein Material sagt: Lässiger geht's kaum. Und P.S.: Ich habe schon im Wilden Westen überlebt", sagt Alex Bohn, Journalistin und Gründerin von Fair-a-porter *(fairaporter.com),* einer Webseite für bewussten Konsum. Alex hat den Wert des Denimshirts längst erkannt. „Es holt *high fashion* zurück auf den Teppich und taugt ebensogut bei leidigen Pflichten wie dem Aufräumen des Kellers oder Ausbauen des Hinterrads am Hollandfahrrad." Was sie neben seiner Anpassungsfähigkeit am Jeanshemd noch schätzt: Man muss darin nicht achtgeben, dass ständig alles richtig sitzt. „Streng durchkomponierte Looks sind nicht meine Sache. Ich muss mich bewegen können." Mindestens einmal die Woche zieht sie es zu einer Anzughose an, ebenso gefällt ihr der unangestrengte Effekt von Double Denim. Eine leichte Wahl ist das Hemd auch dann, wenn man Jeans(hosen) über hat. Der Denimrock hat eine nostalgische Note, die Latzhose mag nicht jeder, die Jacke sieht im Layering am besten aus, erfordert also höheren Aufwand. Das Hemd hingegen ist neutral. Was es zum idealen Partner für Teile macht, die das Herz höher schlagen lassen – wie eine schwarze Wollhose von 3.1 Phillip Lim, aber auch weiße Lochspitze (im Sommer) oder einen Kamelhaarmantel (im Winter). Hochgeschlossen oder offen – eine Frage der Gesinnung. Wie man an Alex sieht, verträgt es das Wild-West-Hemd, streng zugeknöpft zu werden. Wer sehen will, wie weit man es aufknöpfen kann: „Charlotte Rampling" plus „Denimshirt" googeln.

„Haltung ist die halbe Miete", sagt Alex. Das hat sie sich von ihrer Urgroßmutter abgeschaut und ist eine Stilregel, die für sie alle anderen überflüssig macht. „Sie war 1,85 Meter groß, für ihre Zeit eine sehr große Frau, und hielt sich stets aufrecht wie eine Primaballerina. Darüber hat sie nie ein Wort verloren, aber wenn ich an guten Stil denke, denke ich an sie. Durch ihre aufrechte Pose sah sie selbst in einem einfachen Strickpullover und einem schmalen Midi-Rock hinreißend aus." Und auch, wenn nur in der Vorstellung, in einem Jeanshemd.

ALEX EMPFIEHLT die Marken Rag & Bone *(rag-bone. com),* Acne *(acnestudios.com)* und Filippa K *(filippa-k. com)* – für Denim und für faire Praktiken. Weitere Lieblingslabels, die gut sind und gut aussehen: Organic by John Patrick *(organicbyjohnpatrick.com),* Edun *(edun.com),* Stella McCartney *(stellamccartney.com)* und The Row *(therow.com).*

Der schnelle Stiltrick: Für Double Denim zwei Jeansteile addieren, die sich entweder in Material oder Waschung unterscheiden. Resultat: Alex' Look mit Jeans von Acne und Hemd von H&M. Ebenfalls unverbesserlich ist eine Kombination von Chambray-Shirt zu ausgestellter Seventies-Jeans.

DAS T-SHIRT

„Was antwortet eine Pariserin, wenn man sie nach ihren Lieblingsfarben fragt? Schwarz, Weiß, Navy. Und wenn sie Humor hat, antwortet sie Grau."

Fanny Moizant mag diesen Witz erstens, weil sie aus Paris kommt. Und zweitens, weil etwas Wahres drinsteckt. „Ich trage tatsächlich am liebsten Schwarz, Weiß, Navy. Und Grau." Überhaupt scheint sie den typischen Stil der Parisienne perfektioniert zu haben, der seit einigen Jahren als Maßstab für vollkommenen Chic gilt. Sie verfolgt Trends, aber „die ‚wichtigen' Stücke der Saison, die jeder trägt, interessieren mich nicht." Ihre Outfits sind simpel, „aber mit einem kleinen Twist, wie einem breiten Armreifen". Sie kann an einer Hand abzählen, wie viele Kleider in ihrem Schrank hängen, denn „ich trage immer, immer, immer Skinny Jeans". So, wie sie hier aussieht, kann man sie sich jeden Tag in ihrem Job vorstellen, der sie von Paris nach London gebracht hat. Dort beschäftigt sie sich damit, was andere Frauen kaufen – Fanny ist Mitgründerin von Vestiaire Collective, dem überaus erfolgreichen Online-Marktplatz für Luxusmode aus zweiter Hand, wo Modeverrückte alle paar Monate die „wichtigen" Stücke der Saison wieder verkaufen. Sie selbst gerät höchstens bei Schuhen in Versuchung. Von Kopf bis Fuß in einen Designer gekleidet zu sein, missfällt ihr. Auch das ist an ihrem Look exemplarisch: eine Zusammenstellung von teuer (Schuhe von Giuseppe Zanotti), erschwinglich (Jeans von Topshop) und qualitätsbewusst (T-Shirt von Maison Labiche). Es ist eben nicht irgendein T-Shirt, das sie trägt, sondern ein etwas größer geschnittenes, in Grau-Melange, mit zweimal umgeschlagenen Ärmeln, das sie leicht aus der Hose geschoppt trägt. Es könnte im Modelexikon unter „Französin, Die" abgebildet sein.

Fanny amüsiert es allerdings, dass aus dem vielbeschworenen *french dressing* so ein Geheimnis gemacht wird. Sie sieht ihre präzise Art, sich zu kleiden, eher als Realitätscheck. „Wenn ich morgens ein letztes Mal in den Spiegel gucke, sehe ich hoffentlich eine Frau mit einem starken Charakter, die sensibel und menschlich ist", sagt sie. „Ich liebe Mode, aber am liebsten vergesse ich, was ich anhabe."

DREI DINGE, die Fanny durch Vestiaire Collective über smartes Einkaufen gelernt hat: *1. Viel für sein Geld erwarten. Macht man bei allem, von Lebensmitteln bis zum Wohnungskauf, warum nicht auch bei Mode? 2. Ein Budget – pro Woche, pro Monat, pro Jahr – festlegen und sich daran halten. 3. Für jedes neue Teil im Kleiderschrank muss ihn ein anderes verlassen.*

Der schnelle Stiltrick: Ein austauschbares T-Shirt wird mit eingesticktem Namen zum persönlichen Lieblingsstück, von Maison Labiche.

WENIGER *ist* MEHR

Das 23. weiße T-Shirt

ODER DIE FRAGE,
WIE VIEL GENUG IST

Es sind 23. In Worten: dreiundzwanzig weiße T-Shirts, die in meinem Kleiderschrank liegen. Ich wollte das gar nicht so genau wissen, aber zum Zweck der Transparenz musste ich nachzählen. Ich kann mir diese Menge nur so erklären, dass jedes davon tooootal anders ist. Das erste sieht mit aufgerollten Ärmeln gut aus. Das zweite hat an der haargenau richtigen Stelle drei Löcher für den glaubwürdigen „Habe ich vintage in L.A. gekauft"-Look. Das dritte hat einen tiefen V-Ausschnitt. Das vierte ist aus Seide. Das fünfte aus Leinen. Das sechste war für ein T-Shirt so teuer, dass ich es schon deswegen tragen muss. Das siebte …

Und hier gehen mir die guten Gründe aus. Woraus ich schließen könnte, dass sechs weiße T-Shirts reichen. Ich bin, was das betrifft, bloß eingeschränkt lernfähig. Ich kann sogar dafür garantieren, dass ich Nummer 24 kaufen will, sobald ich in meinen Blog-Abos die Überschrift „Das perfekte weiße T-Shirt" sehe. Nicht zufälligerweise sind es die einfachen Teile, die man perfektionieren will. Ich habe Freundinnen, die nicht an einem gestreiften Top vorbeigehen können, ohne es zu kaufen (siehe Seite 19). Eine Bekannte ist ständig auf der Suche nach dem noch besseren grauen Sweatshirt. Eine andere besitzt eine Sammlung Wrangler-Jeans – aber bitte nur in dunkelblauer Waschung! –, vor der jeder Rodeoreiter den Hut ziehen würde. Jede von ihnen könnte stichhaltig herleiten, was ihr Lieblingsstück so unwiderstehlich macht. Ich weiß das deshalb, weil ich die Argumente der Wiederholungstäter selbst verwende. Man fühlt sich in diesem Teil geborgen, weil man es und sich darin kennt. Es harmoniert mit dem Rest der Garderobe. Es passt – zum Körper, zur Haltung und dazu, wie man wahrgenommen werden möchte. Dieses Teil bringt Ruhe in einen sich immer schneller drehenden Modekreislauf, der in rasendem Tempo Trends auf den Markt wirft. Ein weißes T-Shirt kann man sich unabhängig von Moden zu eigen machen. Das Gegenargument: 23 weiße T-Shirts sind echt zu viel. Wahre Perfektion, habe ich

gerade beim Zählen gedacht, wäre doch, sich auf ein einziges zu reduzieren. Okay, auf drei. Acht? Zwölf. Zwölf wären vertretbar, oder? Oder?

Vor einiger Zeit habe ich zwei Monate lang aus dem Koffer gelebt. Vorher dachte ich: Das ist gar nicht möglich! Es gibt viel zu viel, was ich vermissen würde. Blödsinn, stellte ich schnell fest, und war, als ich wieder nach Hause kam, ziemlich überrascht, was ich alles nicht vermisst hatte. Seitdem versuche ich, mir mindestens einmal im Jahr vorzustellen, was ich aus meinem Schrank in einen Koffer packen würde. Der Rest kann weg (ausgenommen: saisonale Kleidung, Stücke mit hohem sentimentalen Wert und Teile wie das kleine Schwarze, die ich nicht jeden Tag tragen kann). So ein Radikalschlag sollte schmerzen, ist aber irrsinnig befreiend. Mit jedem Teil, das ich verkaufe, verschenke oder spende, gewinne ich an Klarheit darüber, was ich tragen will. Und ohne es darauf anzulegen, habe ich ein neues Bewusstsein dafür bekommen, wie ich einkaufe.

Hätte mir noch vor ein paar Jahren jemand gesagt, dass mir Nachhaltigkeit mal wichtig sein könnte, hätte ich vermutlich mit den Schultern gezuckt und wäre dann zu Zara gegangen. Dort kaufe ich immer noch ein, aber den Kater, wenn ich wie berauscht zwei Tüten vollgeshoppt habe, kann ich nicht mehr so wegstecken wie früher. Die Champagnerlaune, die ein neues Teil bringt, hält vielleicht für ein paarmal Tragen vor. Nicht nur bei Günstigem, aber vor allem dabei. Dagegen bedeuten mir die Dinge am meisten, die ich lange tragen will. Was die vereint: Ich kaufe sie überlegt. Und immer mehr unter dem Aspekt, wie sie hergestellt werden und woraus.

Soll ich den Nachhaltigkeitsaspekt von Mode in diesem Buch überhaupt hervorheben? Oder kommt das bloß scheinheilig rüber, wenn ich auch Marken empfehle, die für *fast fashion* stehen? Kann ich es, wenn ich ehrlich über Mode schreibe, nicht genau so sagen? In meinem Kleiderschrank hängen Klamotten von Zara neben Vintage-Stücken neben Einzelteilen von Filippa K. Bei Filippa K denke ich zum Beispiel nicht zuerst daran, dass sich die Marke mit diversen Initiativen für Nachhaltigkeit einsetzt, sondern an die smarten Basics. Ich kaufe „gute" Labels mit dem gleichen Anspruch an Design, der mich bei allen anderen Marken auch anspricht. Umgekehrt kann man sich fragen: Warum sollte man nicht bei aller Mode den Anspruch entwickeln, dass sie gut ist?

Tatsächlich haben sich viele nachhaltig produzierte Marken genau auf die Teile spezialisiert, die man sich immer wieder kaufen könnte. Die schönste Unterwäsche gibt es bei Skin und Nude. Ich träume von den Mules von Brother Vellies, wünsche mir Ohrringe von Soko, habe ein Kleid von Dôen auf der Shoppingliste. Den Einkaufskorb könnte ich auch in den Onlineshops von Reformation, Zady und Everlane leicht füllen. (Da fällt mir ein: Liebe Leute von Everlane, solltet ihr beim Erscheinen dieses Buches immer noch nicht nach Europa verschicken, könnt ihr bitte, BITTE, damit anfangen? Danke.)

All diese Labels setzen auf Transparenz, auf Qualitätsstoffe oder auf bessere Arbeitsbedingungen in den Fabriken. Sie tauchen an verschiedenen Stellen in diesem Buch auf, ohne dass ich immer explizit auf ihr Engagement hinweise. Hätte ich vielleicht machen sollen. Ich bilde mir bloß ein, dass sich Nachhaltigkeit nur durchsetzt, wenn sie als selbstverständlich wahrgenommen wird. Meine neueste Entdeckung ist übrigens das Label Kotn. Habe ich gefunden, als ich nach dem perfekten weißen T-Shirt suchte.

SO TRAGE ICH ...
OVERSIZED

Maja Weyhe

Um mit einem Modeblog heute erfolgreich zu sein, muss man ihn als Geschäft verstehen. Muss SEO draufhaben, Werbebudgets kalkulieren, Marketing beherrschen, stets auf sämtlichen Social-Media-Kanälen präsent sein, und das selbstverständlich top gestylt. Auch so gesehen ist Maja Weyhe eine Ausnahmeerscheinung. Ihre Webseite hat sie 2013 nicht mit einem Finanzierungsplan in der Hand eröffnet, sondern nach gutem Zureden einer Freundin, der ihr Stil gefiel. Sie meldete sich bei Tumblr an und stellte Bilder von ihren Outfits, die oft ihre Mama fotografierte, online. Im Blogger-Business ist das ein wenig so, als wolle man mit einer Modenschau für Freundinnen gegen ein Chanel-Event für 2000 Gäste antreten. Nur: Die Leute wollten bei Majas Show zugucken. Sie hatte einen Zauber, der neugierig machte, und eine Art, sich anzuziehen, die einem nicht tausendmal gesehen vorkam. Von der Aufmerksamkeit kann sie, die ihren Blog-Lesern, Facebook-Fans und hunderttausenden Instagram-Followern als Maja Wyh bekannt ist, inzwischen leben.

Aus der ungeplanten Art, wie ihr Job entstanden ist, hat sich ein gesunder Geschäftssinn entwickelt, und sie kooperiert inzwischen mit Marken wie Tory Burch, Hugo Boss oder Dior. Jedoch wird man auf ihrer Webseite nicht von vielen „Sponsored by" überwältigt. Der Blog hat den Anschein eines Sammelalbums, in dem Maja ihre Inspirationen aus Mode, Kunst und Design ablegt. Dazu passt, dass Bilder von ihren Outfits oft die Beiläufigkeit eines Schnappschusses haben. Und es verwundert nicht, dass ihr vielbeachteter Stil nicht aus Berechnung entstanden ist. „Ich trage seit der 9. Klasse weite Sachen. Ich mag nicht, wie Enges aufträgt", sagt sie, „es ist lustig, dass das jetzt als mein Markenzeichen gilt." Wenn sie den vielschichtigen Look in einzelne Elemente aufteilen müsste, sähe das so aus: „minimalistische Schnitte" plus „weite Formen" plus „feminine Accessoires" plus ein „Menswear-Element – wenn ich könnte, würde ich nur die Männerkollektion von Haider Ackermann tragen". Hinzuzufügen wäre, dass eine Mischung von Materialien und Drapierungen den Outfits Struktur gibt. Aber darüber muss man auch nicht grübeln, findet Maja. „Layering – das klingt für mich nach Arbeit. Beim Anziehen gehe ich nach Instinkt. Ich mag einfach Sachen ohne viel Schnickschnack."

Alles zusammengerechnet hat das einen angenehmen „Das lag heute morgen bloß neben dem Bett"-Effekt. Typisch für sie: tief sitzende Lederröhre, zwei Schichten T-Shirts, schmaler Blazer. Oder auch Boyfriend-Jeans, Tanktop und Sweatshirt, kombiniert mit waghalsig hohen Sandaletten. Letzte Zugabe: ein langer Schal und Sonnenbrille.

Maja hat diesen Look 2015 für Edited The Label in einer fünfteiligen Capsule Collection eingefangen. Eine eigene Schmuckkollektion gibt es auch schon. Was wäre mit einer Modelinie? Kann sie sich vorstellen. Sicher ist, dass ihr nächster Schritt kein Zufall sein wird.

DREI TEILE, auf die man durch Maja aufmerksam werden sollte: *Lederjacken von Y/Project (yproject.fr), fließende Anzüge von Petar Petrov (petarpetrov.com) und oversized Hemden von Recto x W Concept (us.wconcept.com).*

Die Düsseldorferin trägt high fashion *wie hier vom Apropos Store mit einer selbstverständlichen Beiläufigkeit, die sie auf Instagram international bekannt gemacht hat.*

Denim ist viel mehr als nur ein Stoff. Aino Laberenz *erzählt, warum Jeans sie geprägt haben, wie sie damit ihren persönlichen Look definiert und welche Stilregeln sie ignoriert.*

An ihre erste selbstgekaufte Jeans erinnert sich Aino Laberenz noch genau. „Ich war 15, als ich mir endlich eine *Levi's 501* leisten konnte. Aber statt einer klassischen Blue Jeans habe ich mir eine in Tomatenrot gekauft." Beides begleitet sie bis heute: ihr entschlossen eigener Geschmack. Und die Zuneigung zu Denim. Zwar nicht mehr in Tomatenrot, aber in beinahe jeder anderen Ausführung.

In ihren Regalen stapeln sich schwarze Röhrenjeans neben *boyfriend cuts,* gerade geschnittene Modelle neben hochtaillierten Seventies-Schnitten. Ihre Liebe macht da keine Unterscheidungen. Auch nicht bei den Marken. Acne trägt sie genauso gerne wie eine No-Name-Jeans, die sie ihrer Mutter geklaut hat – „war mal Mamas Gartenhose" –, weil sie der blauen Waschung nicht widerstehen konnte. „Ich mag Denim einfach als Material so gerne", sagt sie. „Es hat eine Funktionalität, die mich an Uniformen erinnert."

Das Gespür für Material hat Aino durch ihre Arbeit am Theater bekommen. Stoffe sind für die Kostüm- und Bühnenbildnerin der Leitfaden, an dem sie Rollen entwickelt. Die Unabhängigkeit von Moden, die sie im Kostümbild genießt, hat sie in ihrem privaten Stil experimentierfreudiger gemacht. Jeans sind dabei die Bühne, auf der sie sich immer wieder neu ausprobieren kann. „Denim hat einen alltäglichen und sportlichen Charakter. Den breche ich gerne, ob durch Materialien, Proportionen oder die Mischung verschiedener Stile. Warum sollte man zum Beispiel nicht abends unter der Robe eine Jeans tragen?"

Da sie ihre Spielereien so konsequent durchzieht, ist sie es gewohnt, dass auf Veranstaltungen schon mal getuschelt wird. Pssssst, trägt die etwa Socken in Sandaletten? Zum Glitzerrock ein T-Shirt? Keine Strumpfhose? Und das auf dem Filmball? Geht ja gar nicht! Aino nimmt sich nicht vor, vermeintliche Stilregeln zu brechen. Dafür müsste sie die Regeln wichtig nehmen. Ihre Beherztheit ist nichts, was einem Do- und Don't-Listen beibringen können. Sie erzählt von einer Perret-Schaad-Show auf der Berliner Fashion Week, zu der sie vor ein paar Jahren in Seidenrock und Adiletten ging. „Ich hatte Lust darauf, und die Stylistin der Show fand's lässig." Adiletten hat sie im Sommer schon getragen, als sie noch viel Leichtathletik machte. Dass die Schlappen plötzlich zum *fashion statement* wurden, ist weniger ein Beleg für ihre hellseherischen Fähigkeiten als ein Kompliment an ihre Furchtlosigkeit. Dabei lässt sie sich durchaus von Strömungen mitreißen, verfolgt, was bei angesagten Marken wie Jacquemus oder Isa Arfen passiert, und liest Modeblogs – „aber eher solche wie *The Man Repeller,* weil sie Humor haben".

> *Ich denke manchmal, dass ich meinen Stil noch gar nicht gefunden habe. Und eigentlich finde ich das schön.*

Am stärksten jedoch hat die Aufmerksamkeit der letzten Jahre ihr Modebewusstsein geprägt. Sie war es lange gewohnt, sich in ihrem Job und Umfeld zurückzuhalten, erzählt sie. Dann kam der brutale Schnitt, als ihr Partner im Leben und in der Arbeit, der Regisseur Christoph Schlingensief, 2010 mit gerade einmal 40 Jahren an Krebs starb. Laberenz übernahm die Leitung des afrikanischen Operndorfs, ein gemeinnütziges Projekt, das Schlingensief sehr am Herzen gelegen hatte. „Ich hatte plötzlich andere Verantwortlichkeiten und wurde als Person mehr wahrgenommen. Es nahm zu, dass ich auf Premieren und Ähnliches eingeladen wurde. Da macht man sich mehr Gedanken, wie man auf andere wirkt." Den Kopf zerbricht sie sich aber nicht. Mode ist für sie eine Bauchentscheidung. Ob sie nun auf eine Premiere geht oder morgens zum Brötchenholen. Wenn sie Lust hat, beim Bäcker etwas Ausgefallenes zu tragen, macht sie es einfach. Für sie ist es kein Gegensatz. „Ich denke manchmal, dass ich meinen Stil noch gar nicht gefunden habe", sagt sie. „Und eigentlich finde ich das schön. Es birgt die Chance, sich immer wieder neu zu entscheiden."

Das passende Accessoire zur Denim-Latzhose von Levi's: ein Kickertisch natürlich.

WAS MAN VON AINO LERNEN KANN

Sich nicht von Modemagazinen, gut gemeinten Ratschlägen oder sogar von sich selbst festlegen lassen. „Ich habe jahrelang Skinny Jeans getragen. Bis ich auf Skinny Jeans keine Lust mehr hatte und nur noch Schlaghosen anhaben wollte. Mode ist spannender, wenn man nichts ausschließt."

Weiter schauen als bis zum eigenen Kleiderschrank. „Ich mag es, mir Labels anzugucken, die ich nicht kaufen würde. Miuccia Prada beispielsweise begeistert mich, auch wenn sie nicht meinen Stil trifft. Ich bewundere ihre Kreativität, und das beeinflusst mich in dem, was ich anziehe."

Sich selbst am meisten gefallen. „Wenn man klein ist, soll man keine langen Kleider tragen. Solche Ratschläge hat bestimmt jeder schon gehört. Mir gefallen aber nun mal lange, schmale Kleider. Ob sie meine Figur strecken oder nicht, darum geht es nicht. Jeder hat so seine guten und seine nicht so guten Seiten. Man sollte zu beidem stehen und nicht versuchen, etwas zu kaschieren."

Einsehen, dass man sich trotzdem nicht in allem gefallen muss. „Immer mal wieder versuche ich, kurze Röcke zu tragen, weil ich sie grundsätzlich schön finde. Aber ich fühle mich darin einfach unwohl."

Sich entspannen. „Was soll beim Anziehen schon passieren, außer dass man vielleicht komisch aussieht?"

Aino mag den Kontrast zwischen alten Levi's und smarten Stücken wie einer Bluse von Atlantique Ascoli (links) oder einem Glitzer-Pullover von Isa Arfen (hier im Bild). Den Kick geben Schuhe von Gucci (Clogs), Jil Sander (Plateausandalen) und Balenciaga (Stiefel).

WIE FINDE ICH DIE PERFEKTE *Jeans?*

1 Mit Geduld. Denn man wird vermutlich viele Jeans anprobieren, bis man die richtige für sich gefunden hat. Und mit Gleichmut. Denn eine Größe 27 von einer Marke ist bei einem anderen Label eine 30. Bevor man in der Umkleide denkt, man habe seit dem letzten Jeanskauf fünf Kilo zugenommen: Die Verkäufer fragen, wie die Größen ausfallen. Gute Verkäufer erkennen eh mit einem Blick, welche Größe man trägt.

2 Beim Anprobieren sollte die Jeans so eng sitzen, dass man die Luft anhalten muss – aber nicht so eng, dass man in Ohnmacht fällt –, weil Jeans sich immer weiten. Je geringer der Stretchanteil, desto weiter wird die Jeans beim Tragen. Was natürlich gewollt sein kann.

3 Wer Skinny Jeans liebt, wird sie nicht plötzlich für eine *Levi's 501* verlassen, und wer meistens Jeans mit Schlag trägt, fühlt sich in einer Boyfriend-Jeans eher verkleidet. Der persönliche Geschmack entscheidet. Bei der Suche kann jedoch hilfreich sein: Frauen mit langem Oberkörper und kürzeren Beinen schmeichelt eine Jeans mit hohem Bund. Bei umgekehrten Proportionen bietet sich eine Jeans mit tiefem Bund an.

4 Ein Schnitt, der vielseitig ist und allen passt: eine schmal geschnittene Jeans, die an Oberschenkeln und Knien eng sitzt und am Knöchel weiter wird, in nicht zu dünnem Denim mit leichtem Stretchanteil. Das ist auch der Schnitt, der sowohl zu hohen als auch zu flachen Schuhen gut aussieht. Was wiederum zu keinem Schuh passt: eine Stoffwurst um den Knöchel.

5 Eine Jeans, die zu lang ist oder anderweitig nicht perfekt sitzt, umnähen lassen und sich vorher beim Schneider erkundigen, ob er Jeansnähte macht. Die vorderen Taschen kann man, für den glatteren Sitz, selbst rausschneiden. Gute Idee: Re/Done hat sich darauf spezialisiert, Vintage Levi's in modernen Schnitten aufzuarbeiten *(shopredone.com)*.

6 Die besten Jeans sind die, die am wenigsten designt sind. Sie machen nicht auf sich aufmerksam, sondern funktionieren als Fundament, auf dem andere Teile gut dastehen können. Logos, Nieten, Verzierungen lenken nur ab. Risse und Löcher wirken dann authentisch, wenn sie dort sind, wo sie durch häufiges Tragen ganz natürlich entstehen würden.

7 Obwohl Jeans kein Statement abgeben müssen, kann man ihnen leicht eine modische Aussage verpassen. Inspiration für kleine Stil-Updates geben die Streetstyles von den Modewochen, wo man jüngst ständig die Jeans von Vetements mit dem markanten „Vokuhila"-Saum sah. Die kosten rund 1000 Euro und waren trotzdem ausverkauft. Ein wenig DIY-Geschick mit der Schere ist dagegen umsonst.

8 Jeans wie die von Vetements werden eh so oft auf Instagram gezeigt, dass sie in sechs Monaten keiner mehr sehen mag. Für Social Media zu wenig plakativ, dafür in der Realität bei Moderedakteuren beliebt sind beispielsweise die *Paris* von M.i.h Jeans, *Baxter* von Topshop, *Looker* von Mother Denim, *Verdugo* von Paige Denim oder auch die *Babe* von AMO.

9 Hat man die perfekte Jeans gefunden, gleich mehrere davon kaufen, da Marken immer ausgerechnet das Modell aus dem Programm nehmen, das man am meisten liebt. Ja, Acne, ich rede mit dir.

10 Braucht es mal mehr als Jeans, kann man sich auf drei Hosentypen immer verlassen: Marlenehose, schmal geschnittene Anzughose, fließende Pyjamahose.

DIE BIKERJACKE

Eine gute Moderegel lautet: Je weiter ein Kleidungsstück von seinem Originalzweck entfremdet wird, desto absurder sieht es aus. Das kann jeder bestätigen, der bei einem Junggesellinnenabschied schon mal einen rosa Cowboyhut aufsetzen musste oder morgens in der Tram neben Ravern in Sicherheitswesten saß. Die Bikerjacke ist die Ausnahme. Mehr noch: der Gegenbeweis. Keiner, der sie trägt, braucht dafür einen Motorradführerschein, trotzdem umweht jeden darin ein Hauch Verwegenheit.

Am Design hat sich seit 1928, als die Firma Schott die Bikerjacke als Schutzkleidung für Motorradfahrer erfand, nicht maßgeblich etwas verändert. Es gäbe auch wenig daran zu verbessern. Ihre Breitschulterigkeit hat sich zuerst Marlon Brando in *Der Wilde* angeeignet, ihm folgten Männer wie Sid Vicious und seine Sex Pistols oder Albert Hammond Jr. von The Strokes, die die Jacke als Ausdruck von Rebellion für sich beanspruchten. Nun sind die Zeiten vorbei, in denen Omis erschrocken zur Handtasche griffen, wenn einer in Bikerjacke die Straße runterkam. In Wahrheit hat Omi längst selbst eine. Und warum nicht? Die Unangepasstheit einer Bikerjacke mag in die Jahre gekommen sein, ihre Arschcoolness ist alterslos. Die Jacke von Sandro, die Claudia Zakrocki hier trägt,

könnte sie heute in eine Kiste packen, in zehn Jahren wieder rausholen und sie würde immer noch gut aussehen. Claudia, Chefredakteurin von Refinery29 Germany, besitzt „tausende Lederjacken", die in ihrer Garderobe wie Ersatzteile funktionieren: Ersetzt man bei einem Outfit die Jacke durch eine Bikerjacke, gewinnt es sofort an Schneid. Ein Blazer ist korrekt. Ein Trenchcoat damenhaft. Ein Parka sportlich. Die Bikerjacke ist bloß lässig. Wenn man sich unter tausend Modellen auf zwei festlegen müsste, wären das: eine, die wie zu heiß gewaschen aussieht, also kurz und ein wenig verknittert. Und eine, die länger und von der Anmutung maskuliner ist, wie Claudias Shearlingjacke. Das Leder kann butterweich sein oder bretthart, richtig gut wird die Jacke erst, wenn sie ein wenig eingetragen und brüchig ist. Wie bei einem Auto muss sie den Fabrikgeruch verlieren und an Abenteuer gewinnen, um was zu taugen. Perfekt ist sie, wenn sie aussieht wie nach einem langen Roadtrip. Auf dem richtigen Weg ist man mit Schwarz, aber auch mit Dunkelbraun, Navy oder Bordeaux. Nur bei der Passform gibt es buchstäblich keine Luft, sie muss körpernah und präzise sein. Geht der Sitz in Richtung Blouson, fällt mir gleich noch eine gute Moderegel ein: Kleide dich nie wie ein Fahrlehrer.

Der schnelle Stiltrick: Mit der Kappe zur Bikerjacke zitiert Claudia Marlon Brando, ohne kostümiert zu wirken. Den Look vervollständigen Jeans von Levi's, Pullover von Bella Freud, Tasche von Rianna + Nina und Stiefel von Aeyde.

EINE für IMMER

DARAUF SPAREN
Die *Mock*-Bikerjacke von Acne
(acnestudios.com), *Leather Jacket
22* von Blk Dnm *(blkdnm.com)*,
alles von Rick Owens
(rickowens.eu).

SOFORT KAUFEN
Die *Granite*-Lederjacke von
Reformation *(thereformation.com)*,
die aus überschüssigem Leder
hergestellt wird.

GUT ZU WISSEN
Die Sneaker, die als Nächstes angesagt sind, und solche, die zeitlos bleiben, findet man im Voo Store *(vooberlin.com)*.

SO TRAGE ICH ...
SNEAKER

Joyce Binneboese

Es ist noch nicht allzu lang her, da standen Turnschuhe modisch betrachtet auf einer Stufe mit Funktionsjacken. Sie sollten zweckmäßig sein, doll ausschen mussten sie nicht, bloß beim Joggen mitgehen. Zuhause lagen sie meist eingedreckt an der Haustür, bis man sich das nächste Mal zum Laufen aufraffte. In den letzten Jahren ist der Sneaker allerdings zu einer modischen Ehrenrunde angetreten, was zuerst verblüffte, denn gewöhnlich sind sich Orthopäden und Stilblogger ja selten einig.

Ganz überraschend ist der Trend aber doch nicht, denn er passt zu dem bewussten Leben, das sich auch in Superfood, Leisure Wear und Meditation in der Mittagspause ausdrückt. Also das geeignete Schuhwerk zum Zeitgeist. Und eine Reaktion auf das vorangegangene *Sex-and-the-City*-Jahrzehnt, in dem diejenigen Schuhe als begehrenswert galten, die den Tragekomfort von Folterinstrumenten hatten. Der Sneaker ist dagegen erlösend bequem – und allgegenwärtig. Er geht auf den Spielplatz mit, ins Büro, in die erste Reihe bei Modenschauen. Im Kleiderschrank von Joyce Binneboese stehen so viele, dass man damit einen Laden füllen könnte. „Turnschuhe sind für mich so essenziell, dass ich mir meine Garderobe ohne nicht vorstellen kann", sagt sie. „Sie sind bequem und multifunktional. Tough, können aber auch sehr chic aussehen. Ich mag diesen Kontrast." Joyce hat gemeinsam mit Dana Roski um den Berliner Wald Store eine Welt geschaffen, zu der Magazin, Dinnerpartys und Styling gehören. Turnschuhe halten bei all dem Schritt. Joyce bevorzugt Paare von Nike oder Adidas, gerne Klassiker oder Limited-Edition-Sneaker, am liebsten noch nicht überall gelaufen. Weil es inzwischen mehr Sneaker-Varianten gibt, als selbst in Joyces' Schrank passen, hier ein kleiner Überblick über die wichtigsten Modelle und wie man sie kombiniert. Wobei man Turnschuhe tatsächlich zu allem tragen kann, manche sogar zum Joggen.

1. Der Klassiker: *Cortez* von Nike, *Stan Smith* von Adidas, *Chuck Taylor* von Converse – die aktuell angesagtesten Turnschuhe sind oft schon einmal um den Pudding. Das Angenehme an Modellen, die seit Jahrzehnten unverändert sind, ist, dass man immer wieder zu ihnen zurückkehren kann, wenn der Trend vorbeigezogen ist. Trägt man zum zeitgemäß zurückhaltenden Look aus weiter Männerhose, Rollkragenpullover und Nerd-Brille.

2. Der mit dem komplizierten Namen: *Flyknit Lunar 3, ZY Flux Style, StudioLux Low Fresh* – diese Modelle von Nike, Adidas und Under Armour klingen nach geheimen Raumfahrtprogrammen der NASA und sehen dementsprechend futuristisch aus. Eigentlich sind sie für den Sport gedacht und es wird ständig an neuen Materialkombinationen getüftelt, um sie noch leichter und funktionaler zu machen. Trägt man zum Yoga-Outfit, auch wenn man sich samstagnachmittags nur nach der Fernbedienung streckt.

3. Der Anonyme: Dieser Turnschuh ist unifarben, trägt kein erkennbares Logo und ist gerne aus Leder, was ihn fürs Training natürlich untauglich macht. Dafür eignen sich diese Modelle, die man früher als Tennisschuh bezeichnet hätte, zu allem anderen und waren in Weiß in der Mode zuletzt unvermeidbar. Von Marken wie Common Projects, Eytys oder Superga. Trägt man zu chicer Sportswear, die für Sport ebenfalls untauglich ist.

4. Der Limited-Edition-Turnschuh: Die Designs von Kanye West für Adidas Originals, Rihanna für Puma oder Riccardo Tisci für Nike sind flotter ausverkauft, als man in den Laden rennen kann. Sportlich sind daran vor allem die Preise, die auf eBay dafür verlangt werden. Trägt man mit dem Selbstbewusstsein, einen davon ergattert zu haben.

Joyce trägt Turnschuhe zu allem, auch zu Seidenhose und weißer Bluse. Ihre komplette Sneaker-Sammlung passte leider nicht aufs Bild.

Die 5-Minuten-Lösung

Camel klingt in der Beschreibung erst mal fad – beige, nur anders –, macht aber angezogen sofort etwas her. So ist der Kamelhaarmantel durch die Jahrzehnte modisch unverwundbar geblieben, da Camel eine innewohnende Klasse hat, die Noblesse und einen Privatchauffeur suggeriert. Der Mantel, hier von Zara, wirkt aber auch auf dem Fahrrad nicht deplatziert. Praktisch: Die Farbe verfeinert alles, was man dazu trägt, von Schwarz und Grau über Mohnrot bis zu Denim. Zu weißer Jeans *(Zara)* und weißem Pullover *(Uniqlo)* hat es eine Frische, die es erlaubt, dazu schnell eine Cap aufzusetzen und in Tennisschuhe *(Fred Perry)* zu schlüpfen. Spart Zeit, um gemütlich zur Arbeit zu radeln.

DARAUF SPAREN

Ein Kamelhaarmantel von Max Mara *(maxmara.com)* gilt im Design als unverbesserlich. Zu Recht.

SOFORT KAUFEN

Ein schlichter Camel-Mantel beispielsweise von Massimo Dutti sieht aus wie ein Designstück *(massimodutti.com)*.

GUT ZU WISSEN
Wer denkt, dass Camel ihm
nicht steht, hat wahrscheinlich noch nicht den richtigen
Farbton gefunden. Zu kühlen
Hauttypen passen warme Ka-
ramelltöne. Warmen Hauttypen
stehen kühle Aschefarben.

DARAUF SPAREN
Kreolen von Aurélie Bidermann
(aureliebidermann.com), die
man jeden Tag tragen will.

SOFORT KAUFEN
Ohrringe wie hier von Week-
day *(weekday.com)*, By Malene
Birger *(bymalenebirger.com)* und
Topshop *(topshop.com)*, um sie
nach Laune zu kombinieren.

DER LETZTE SCHLIFF

Bevor eine Lady das Haus verlässt, sollte sie stets ein Accessoire ablegen, heißt es nach einer alten Stilweisheit von Coco Chanel. Kreolen sind dagegen das Accessoire, das man anlegen sollte, bevor man das Haus verlässt. Zur Veranschaulichung eine Frau in den üblichen Jeans und T-Shirt vorstellen. Jetzt die Kreolen dazudenken. Plötzlich wirken die Basics nicht zufällig, sondern absichtlich schlicht gewählt, damit die Ohrringe glänzen können. Man kann die Frau auch in ein Boho-Kleid stecken, in einen lockeren Anzug oder in eine Seidenbluse, die Kreolen passen immer. Am vielseitigsten sind dünne Goldreifen, oder silberne, und bei allen Varianten gilt: Je größer die Ohrringe, desto schöner ist ein zurückhaltendes Make-up, *m'lady.*

Die Extras

Pyjama | Sollte ein Pyjama so viel kosten wie eine Übernachtung in einem Fünf-Sterne-Hotel? Sollte man so sehen: Wenn man sich darin im eigenen Bett fühlt wie im Urlaub, ist er es womöglich wert. Reiner Luxus ist die Nachtwäsche von Olivia von Halle *(oliviavonhalle.com),* Sundays *(sundayslondon.com)* und Poplin *(poplin.co.uk,* hier zu sehen der Seidenpyjama *Audrey).*

1

2

3

Tanktops | Kind, zieh dir ein Unterhemd an", hat die Mama früher gesagt. Hätte man bloß eher auf sie gehört. Dann hätte man gemerkt, wie viel angenehmer es ist, nicht ständig zu frieren. Tanktops, die nicht nur drunter gut aussehen, gibt es zum Beispiel von Love Stories *(lovestoriesintimates.com).*

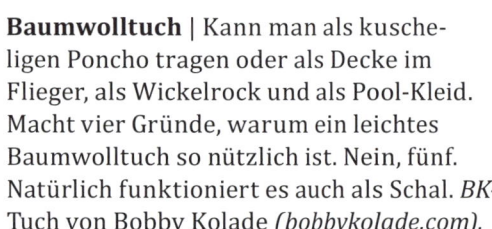

Baumwolltuch | Kann man als kuscheligen Poncho tragen oder als Decke im Flieger, als Wickelrock und als Pool-Kleid. Macht vier Gründe, warum ein leichtes Baumwolltuch so nützlich ist. Nein, fünf. Natürlich funktioniert es auch als Schal. *BK-*Tuch von Bobby Kolade *(bobbykolade.com).*

Einkaufstasche | Eine Einkaufstasche, die man sofort als Handtasche tragen würde. Die *Baggus* aus Nylon sind ebenso umwelt- wie geschmacksfreundlich. Von dem Label gibt es daneben Weekender, Kosmetiktaschen, Clutches, auch in Leder, und Canvas aus nachhaltiger Produktion *(baggu.com)*.

Slip-ons | Die ersten Vans hat man sich gekauft, um vor den Skater-Jungs aus der 11a gut dazustehen. Das nächste Paar kauft man sich, weil Slip-ons verdammt cool geblieben sind. Und als Erinnerung, dass man niemanden mehr beeindrucken muss *(vans.com)*.

Bandana | Streetstyle hat sich längst vom „Stil der Straße" zu „Looks wie vom Laufsteg" entwickelt. Auf gute Ideen bringen die Nuancen, mit denen die Stars der Szene unter vielen Showponys auffallen – Socken in Stilettos, Sticker auf Handtaschen, zum Schal geknotete Pullover. Noch so ein anstrengungsloser Trick: ein Bandana als Halstuch knüpfen. Gibt es zum Beispiel im Armyshop für sehr geerdete 5 Euro.

ALLES FÜRS

——

Grob geschätzt besteht die Garderobe jeder Frau zu 90 Prozent aus Kleidungsstücken, die sie sich mit dem Vorsatz gekauft hat, sie häufig zu tragen. Ich unterschlage in den 90 Prozent jetzt mal den Anteil an Stücken, die sie dann doch nie trägt. Bleiben: Zehn Prozent, die zum Ausgehen bestimmt sind. Na schön, sagen wir fünf Prozent, weil Dresscodes für Partys so oll sind wie die Hits von Creedence Clearwater Revival und man heutzutage beinahe überall in Bluse und Hose hingehen kann. Umso wichtiger, auf diese fünf Prozent anzustoßen – mit Model und Musikerin Eva Padberg, Stilbloggerin Tamu McPherson und mit mir. Weil eine Garderobe ohne das Besondere schlicht langweilig wäre und Kleidung gefeiert werden sollte, die nicht für jeden Anlass geeignet ist, sondern rein dafür, im Mittelpunkt einer Party zu stehen.

Wie man abends bewundernde Blicke einfängt, fragt man am besten eine, die oft vor den Kameras steht. **Eva Padberg** *über große Kleider, kleine Helfer und ihr Motto für jede Party.*

D as meiste, das aus der Mode gekommen ist, vermisst man nicht lang. Und falls doch, kann man sich darauf verlassen, dass irgendwann jeder Trend wieder auftaucht. Dahingehend kann man dieses Porträt als Plädoyer für die Rückkehr der Abendmode verstehen. Ein Konzept, das im wahren Leben so passé scheint wie lange Satinhandschuhe, Pantoffeln mit Marabufedern und die Wasserwelle. Heute besteht der Unterschied zwischen Tag und Nacht vor allem in der Höhe der Absätze. Designer entwerfen Kollektionen für den 24-Stunden-Zyklus und setzen auf vielseitige Einzelteile, die in unterschiedlichen Kombinationen immer funktionieren. Das ist so zeitgemäß, dass man, nun ja, ein ganzes Buch damit füllen kann. Andererseits: War auf Partys nicht mal mehr Lametta?

Eine, die für Glanz sorgt, ist Eva Padberg – Model, Sängerin, Moderatorin, Schauspielerin, Designerin. Aufgabenbereiche, bei denen man ständig zu Abendveranstaltungen eingeladen wird und auf den Partys oft im Mittelpunkt steht. „Als ich als Model nach New York ging und die ersten Einladungen kamen, dachte ich, es reicht, wenn ich so hingehe, wie ich mich auch sonst anziehe", sagt sie. „Ich habe zuerst ans Wohlfühlen gedacht. Aber dann habe ich schnell gemerkt, dass man sich unter lauter hübsch hergerichteten Menschen doch nicht so wohl fühlt, wenn man irgendeinen Rock zu irgendeinem T-Shirt anzieht und bloß Turnschuhe gegen High Heels tauscht."

Die Einstellung der New Yorker, dass kein Event zu klein ist, um nicht großartig auszusehen, hat sie sich gemerkt. Verändert hat sich die Auswahl der Kleider, die ihr heute für Partys geliehen werden. Ein willkommener Luxus. Der Schneid wird allerdings nicht mitgeliefert. „Ich erinnere mich an dieses Kleid von Gucci. Sehr eng, sehr kurz, sehr viele goldene Pailletten", sagt sie. Ihre Freundin Ines, die gleichzeitig Stylistin ist, redete ihr zu. „Ich meinte: ‚Die Party fängt erst um 22 Uhr an, muss ich mich da noch schick machen?' Aber Ines sagte: ‚Du musst! Das Kleid ist fantastisch.' Ich habe es nicht bereut." Eine Version dieses Kleides besitzt wahrscheinlich jede Frau. Es ist das Kleid, das man vergöttert, aber nie trägt, weil es einem zu viel vorkommt. Bevor einen das nächste Mal der Mut verlässt: Die Party einfach schon zu Hause starten, eine Freundin mit Wein zu sich bestellen und sie bitten, nicht locker zu lassen, bis man in diesem Kleid zur Tür rausgeht.

Ich versuche immer, mir vorzustellen, dass das Kleid mich ausführt, nicht umgekehrt.

Apropos gehen. Das sollte man in dem Kleid schon können. Auch darin tanzen und sich nicht vorkommen, als müsse man den ganzen Abend wie eine Statue dastehen, vor lauter Angst, dass etwas verrutscht. Als Eva für die Fotos eine schulterfreie, bodenlange Robe von Hugo Boss anzieht, sagt sie als Erstes: „Sehr bequem!" Woran man bei diesem Kleid als Letztes denkt. Die Kunst liegt in der Konstruktion. „Ich versuche immer, mir vorzustellen, dass das Kleid mich ausführt, nicht umgekehrt. In Abendkleidern mit eingenähtem Korsett fühle ich mich sicher. Und sie sind gut für die Körperspannung." Falls sie sich bei der Kleiderwahl vor einer großen Nacht doch einmal nicht sicher ist, erinnert sie sich an eine weitere Lektion aus New York: *„When in doubt, overdress."* Im Zweifel immer das goldene Paillettenkleid. Das Schlimmste, das einem passieren kann, wenn das eigene Styling glamouröser ist als das der anderen? Man ist die glamouröseste Frau auf der Party.

Drei verlässliche Partybegleiter: ein Smoking von Hugo Boss, Schmuck von Leo Mathild und Stilettos von Tom Ford, auf denen man (fast) tanzen kann.

WAS MAN VON EVA LERNEN KANN

Eine entspannte Haltung zu Shapewear. „Mir sind Kleider lieber, bei denen ich kein Spanx drunter anziehen muss. Aber gerade bei fließenden Stoffen: Unbedingt! Lieber das, als den ganzen Abend den Bauch einziehen zu müssen."

Ein gesundes Vertrauen in die eigenen Vorzüge. Eva sieht man bei Events deshalb oft in schulterfreien Kleidern oder Tops, weil die ihr so gut stehen.

Eine unkomplizierte Art bei spontanen Einladungen. Dann greift sie entweder zum kleinen Schwarzen. Oder noch lieber zu Hose und Top. „Kleider sind toll, aber Hosen sind für mich unkomplizierter zu tragen. Schwarz ist schlicht und immer elegant. Für ein aufregenderes Styling nehme ich Metallic-Accessoires dazu."

Eine respektvolle Distanz zu ausgefallenen Posen auf Fotos. „Am besten sieht auf Bildern aus, die Hüfte ein wenig einzuknicken, ein Knie vors andere zu schieben, und natürlich: Schultern runter, gerader Rücken."

Eine große Lust darauf, Neues auszuprobieren. Zur Inspiration schaut sie sich am liebsten Sienna Miller („Mühelos, überraschend, nie übertrieben") und Diane Kruger an („Ich mag die Art, wie sie Couture mit der Selbstverständlichkeit einer Jeans trägt und Kleider niemals mit Accessoires überlädt").

Die schulterfreie Robe, hier von Hugo Boss, ist Evas Markenzeichen. Man sieht, warum.

WIE STEHE ICH AUF EINER *Party* GUT DA?

1 Das Outfit mit den Schuhen anfangen. Denn man hat immer ein Paar Schuhe, das man gerade fabelhaft findet.

2 Zu den flachen Schnürsandalen, auf die man gerade steht, passt ein bodenlanges Flatterkleid. Spitze Pumps sind ein gutes Fundament für einen maskulinen Look. Sandaletten können unter einem Cocktailkleid oder zu *pencil skirt* und Seiden-T-Shirt hergezeigt werden.

3 Im Zweifel vor dem großen Abend noch mal die Partyseiten in *Gala/Bunte/Instyle* studieren und festhalten: Die gelungensten Looks haben fast immer eine Sanduhr-Silhouette.

4 Und sind selten aus dünner Seide. „Seide fühlt sich toll an und sieht in der Bewegung super aus", sagt Eva Padberg. „Leider zerknittert sie ab dem Moment, in dem man sich ins Taxi setzt." Es soll Schauspielerinnen geben, die sich auf der Fahrt zu den Oscars auf die Rückbank der Limousine legen, damit das Kleid nicht leidet. Weniger vom Transportmittel abhängig ist ein anderer Stoff.

5 Beim Studieren der Profis fällt ebenfalls auf: Die, deren Looks man nachahmen möchte, sehen immer ein wenig unperfekt aus. Tragen ein Etuikleid aus Brokat, aber dazu wenig Make-up, eine Robe, dazu jedoch Korrekturbrille, einen Lamé-Rock, aber zum Herrenhemd. Ein Ansatz, für den man keinen Stylisten braucht.

6 Angenommen, man hat im Laden sein Traumkleid gefunden, bloß sitzt es nicht perfekt. Die Lösung ist nicht, es zurück an die Stange zu hängen. Stattdessen zu einem Schneider bringen und anpassen lassen.

7 Wer sich wie ein echter Filmstar in einem Kleid fühlen will, arbeitet mit Special Effects: Korsett, Mieder, gepolsterter Slip. Unter den Roben verbergen sich meist mehr technische Tricks als in einem James-Cameron-Film. Kleider, die gefühlt nur von zwei Streifen doppelseitigem Klebeband zusammengehalten werden, bleiben dennoch ein Sicherheitsrisiko – in Hollywood und überall sonst.

8 Hat man seinen *signature look* gefunden, in dem man hundert Autogramme geben würde: Wiederholen, wiederholen, wiederholen.

9 Sie können mühsam sein, aber es wäre unhöflich, Dresscodes auf Einladungen zu ignorieren. *Black tie* = langes Abendkleid. *Black tie* (optional) = Cocktailkleid, mindestens. *Dress to impress* = das kleine Schwarze, beladen mit Modeschmuck. *Smart casual* = der Look vom Wochenende, aufgewertet mit Accessoires. Bei kreativen Dresscodes wie „*White Trash/Black Tie*" den Gastgeber anrufen und fragen, was zum Teufel er sich dabei gedacht hat.

10 Ein paar Helfer für die Handtasche, die Eva Padberg empfiehlt: farbloses Puder, zum Beispiel von Und Gretel *(undgretel.com).* Ein Lipbalm, um den roten Lippenstift abzuschminken, der sich nach drei Stunden auf der Tanzfläche langsam von selbst verabschiedet. Ein Rouge mit leichtem Schimmer wie *Orgasm* von Nars *(narscosmetics.com),* mit dem die Haut unter Scheinwerfern und Blitzlicht strahlt.

EINES für IMMER

DAS KLEINE SCHWARZE

Das kleine Schwarze ist heilig. So steht es geschrieben, seit Coco Chanel in den 1920ern per *Vogue* verkündete, dieses Kleid sei die neue Uniform für Frauen aller Geschmacksrichtungen. Einige von ihnen wurden darin zu Göttinnen. Marilyn Monroe in einem Sprühregen schwarzer Pailletten in *Manche mögen's heiß*. Kate Moss in einem federbesetzten Cocktailkleid am Arm von Johnny Depp bei den legendären Filmfestspielen in Cannes. Carolyn Bessette-Kennedy bei jeder Gelegenheit.

Der Ärger mit einem so ikonischen Kleidungsstück wie dem kleinen Schwarzen ist nur, dass es im wahren Leben nie so perfekt scheint, wie es sein sollte. Müsste man sonst so lange nach dem richtigen suchen? Man kauft Kompromisse, bei denen der Schnitt nicht einwandfrei ist oder in denen man sich so kostümiert fühlt, dass man im letzten Moment doch wieder zur Hose greift. Dresscodes haben sich seit Mademoiselle Chanel derart verändert, dass man beim Ausgehen sowieso alles tragen kann. Wäre es nicht eine Sünde, würde man sagen, dass die Notwendigkeit des *little black dress* eine dieser urbanen Mythen ist, die so lange weitererzählt werden, bis sie jeder glaubt. In Wahrheit braucht man es gar nicht.

Man braucht es aber doch. Nicht wie man Unterwäsche und Socken braucht. Nicht wie die erwachsene Garderobe, die man sich anhand reifer und vernünftiger Verkaufsargumente zusammengestellt hat. Wenn man das richtige kleine Schwarze findet, wird man all die praktischen Dinge, für die man eigentlich in den Laden gegangen war, auf der Stelle vergessen. Die Frau, die man in diesem Kleid ist, interessiert sich nämlich nicht so fürs Praktische. Sie kauft es sich nicht, weil es mit den passenden Accessoires mondän oder alltagstauglich wird, es in jeder Kleidergröße schmeichelt und nie unangebracht ist, obwohl das alles stimmt. Sie kauft es, weil ihr das auf einmal alles herzlich egal ist. Das kleine Schwarze ist die purste Form von Mode: eine bedingungslose Liebe zu einem Stück Stoff, in dem man sich fühlt wie frisch verknallt. Das perfekte *lbd* kann aussehen wie das Prada-Kleid, das die Stilbloggerin Tamu McPherson von All The Pretty Birds hier trägt (was es auch so perfekt macht: Das Foto ist über fünf Jahre alt, und man sieht es dem Kleid keine Sekunde lang an). Es kann ein Wickelkleid sein oder ein Shiftdress, von H&M kommen oder von Roland Mouret, ein Schnäppchen sein oder ein Monatsgehalt kosten, eng anliegen oder weit fallen. Es muss noch nicht mal schwarz sein, siehe: das kleine Weiße für den Sommer. Es kommt bloß darauf an, was es mit einem anstellt.

Deshalb würde es nichts nützen, wenn ich die Details meines kleinen Schwarzen aufzähle, das ich vor ein paar Jahren endlich gefunden habe. Besser, man stellt es sich so vor, wie auch das eigene aussehen sollte: Wenn dieses Kleid ins Zimmer kommt, geht Cary Grant vor ihm in die Knie.

Amen.

Der schnelle Stiltrick: Den Unterschied zwischen „langweilig" und „klassisch" machen beim little black dress *Nuancen wie ein ungewöhnlicher Schuh, rote Lippen und eine strenge Frisur. Oder alle drei auf einmal.*

High

WENIGER ist nicht immer MEHR

Weil Schuhe manchmal keine weitere Funktion haben müssen als die, dass man sich in ihnen wie eine Frau ohne Verpflichtungen fühlt. Man muss darin keinen Kinderwagen schieben können, in die Pedale treten, durch den Supermarkt eilen oder was das tägliche Leben sonst so von einem erfordert, es sei denn, man macht das alles sowieso auf Absätzen. In dem Fall: Respekt.

Weil es nicht möglich ist, dass man in High Heels nicht gut aussieht. Nicht besser als in flachen Schuhen, anders gut. Man bewegt sich schließlich anders in ihnen. Langsamer, man könnte auch sagen: gezielter. Die Schritte sind kürzer, die Brust ist vorgestreckt, die Hüfte schwingt von Seite zu Seite. Entscheidend sind aber nicht die Blicke, die das anzieht, sondern wie selbstgewiss man mit zehn Zentimetern mehr auftritt. Wobei die Blicke nicht schaden.

Heels

Weil hohe Schuhe jedes Outfit schneller verwandeln, als man die Hacken zusammenknallen kann. Selbst die älteste Jeans wird mit einem Paar wagemutiger Leo-Pumps wie von Rupert Sanderson ein neues Kleidungsstück.

Weil es Anlässe gibt, die nach Stilettos verlangen. Und man es nie bereuen wird, sie angezogen zu haben. Auch wenn man am Ende des Abends die Schuhe auf der Tanzfläche auszieht und barfuß weitermacht (ausgenommen, der Absatz ist nicht höher als sieben Zentimeter, dann tanzt man bis zurück nach Hause).

Weil im Regal neben Turnschuhen, Ballerinas und Winterstiefeln immer noch ein wenig Platz ist für mindestens ein Paar hohe Schuhe, die es braucht, am besten sogar drei: spitze Pumps; geschnürte Sandaletten; Plateausandalen; in Schwarz, Nude und einer „Schaut her"-Farbe.

DARAUF SPAREN
Elegant von Galvan
(galvanlondon.com), lässig
von A.L.C. *(alcltd.com)*.

SOFORT KAUFEN
Elegant von Reformation
(thereformation.com), lässig von
Equipment *(equipmentfr.com)*.

SO TRAGE ICH ...
DEN JUMPSUIT

Marlene Sørensen

Meine englische Freundin Clare nennt den Jumpsuit einen *entrance maker*. Was ich mit „ein Kleidungsstück, das die Trägerin in Szene setzt" übersetzen würde, wäre es nicht so lang. Ist der Jumpsuit doch der kürzeste Weg von der Eingangstür mitten ins Geschehen auf einer Party. Er ist so angemessen wie ein Kleid, im Vergleich aber weniger oft gesehen und stilistisch interessanter als Hose und Top. Ich wollte mich als Gastgeberin hier gar nicht vor die Kamera stellen, ehrlich nicht, aber der Einteiler schubst einen unvermeidlich in den Vordergrund.

Früher mal nannte man ihn einen Overall. Da trugen ihn Tankstellenwärter und Flugzeugmechaniker, er war nicht weiter sehenswert, bloß funktionale Arbeitskleidung. Wie mit vielem, das für Männer entworfen wurde – der Trenchcoat, der Smoking, der Akkuschrauber –, machen Frauen mehr damit.

Wer will, kann den Overall natürlich noch immer aus Drillich und maskulin tragen. Inzwischen gibt es ihn, als kompletten Gegenentwurf, aber auch als ärmellosen *playsuit* aus Seide. Und dazwischen mehr Varianten als Sechskant-Bits im Werkzeugkoffer: aus Denim, Wolle oder Leder, in Armeegrün, Weiß oder wild gemustert, weit wie ein Blaumann oder eng anliegend wie ein Catsuit, wie eine Saharienne à la Yves Saint Laurent oder eine Diskokönigin aus dem Studio 54. Oder warum abends nicht in Schwarz und schulterfrei? Jedenfalls kommt es sonst selten vor, dass ich auf ein so grundsätzlich bequemes Teil so häufig angesprochen werde. Und sei es, weil der Fragende daran interessiert ist, wie man im Jumpsuit elegant die Toilette benutzt. Antwort: Nicht elegant.

Doch zurück zu den Vorteilen. Der Einteiler hat eine Ungezwungenheit, die ihn überall angebracht macht. Mir gefällt ein so flächiges Stück Stoff mit etwas extra Definition, zum Beispiel mit einem Spitzen-BH, der unter Canvas aufblitzt, einem gemusterten Seidentuch um den Hals oder einer *crossbody bag*. Es gefällt mir so sehr, dass ich ignoriere, wie wenig mir der Jumpsuit stehen sollte. Angeblich ist er nämlich nur für Frauen mit langen Beinen und kurzem Torso gemacht. Ich habe aber einen Körper mit kurzen Beinen und langem Torso. Und trotzdem eine Lösung für mich gefunden: hohe Schuhe drunter, wenn es sich anbietet, Hosenbeine bis zum Knöchel aufrollen, Taille betonen. Zum Beispiel, indem das Oberteil des Overalls um die Hüfte geknotet wird. So habe ich mir vorgenommen, das Modell von Rag & Bone zu tragen, das ich beim Schreiben nebenbei in den Einkaufskorb geklickt habe. Es wäre also auch diese Übersetzung möglich: Der *entrance maker* ist ein „Türöffner" zu meinem Girokonto.

Der schnelle Stiltrick: Wer den Jumpsuit noch gewöhnungsbedürftig findet, sich mit einem Modell wie diesem von Joseph annähern, das wie Hose und Oberteil aussieht.

Der goldene Plisseerock

ODER DIE FRAGE, OB MAN SEINEN STIL EINFACH ÄNDERN KANN

Vielleicht lag es an London. Anderswo macht Einkaufen eben mehr Spaß. Vielleicht lag es daran, dass ich allein unterwegs war. Schenk mir zu Weihnachten Zeit für einen Tag auf der Regent Street, hatte ich dem Mann gesagt, und er hatte zugehört. Vielleicht lag es aber auch daran, dass ich auf dem Flug ein paar Kilo gemischte Modezeitschriften gelesen hatte. Jedenfalls stand ich mitten im Londoner Winter-Sale bei Topshop am Oxford Circus in der Umkleidekabine und probierte einen goldenen Plisseerock an. Gold. Plissee. Rock. Ich betone das deshalb, weil ich selten Röcke trage, niemals Plisseefalten und meine Vorstellung von einer aufregenden Farbe ein etwas weniger dunkles Blau als Navy ist. Trotzdem war ich plötzlich überzeugt, diesen Rock haben zu müssen. Er war so glamourös! So Gucci! So jetzt! Außerdem war es der Letzte in meiner Größe. Wenn ich ihn nicht kaufe, verpasse ich womöglich DEN modischen Moment des Jahres. Ich drehte mich in der Umkleide noch einmal um die eigene Achse und tänzelte zur Kasse. Mit dem richtigen Styling, dachte ich …

Das ist drei Monate her. Den Rock habe ich bis heute nicht wieder angezogen. Ich könnte mir einreden, dass es am Winter liegt und der Rock zu nackten Beinen besser aussieht. Doch dafür hängt er im Schrank zu nah an dem Hippiekleid, das ich mir in einem ähnlichen Anfall von modischer Waghalsigkeit gekauft habe und das ebenfalls noch ungetragen ist. Schwer zu ignorieren auch die weinrote Samthose, die karierte Bluse mit monströser Halsschleife oder die Leder-Culotte. Nichts daran ist verkehrt. Nur offenbar sind sie nicht richtig für mich, sonst hätte ich diese Teile öfter angezogen als nur ein paar Mal aus schlechtem Gewissen, weil ich Geld dafür ausgegeben habe. Und das Ganze in der Hoffnung, dass sie mich einem vollendeten Stil näherbringen würden.

Jedes Stück landete in einem Moment in der Einkaufstasche, in dem ich nicht für mich einkaufte, sondern für die Frau, die ich gerne wäre. Die glänzender, mutiger, angesagter, lauter, unübersehbarer ist und nicht so wahnsinnig erwartbar. (Ich frage mich, ob Frauen, die lauter goldene Plisseeröcke besitzen, das plötzliche Bedürfnis kennen, einen grauen Cashmerepullover kaufen zu müssen?) In solchen Momenten werde ich schwach. Das glitzernde Etwas an der Stange sieht aus wie ein Versprechen. Wie alles Neue verspricht es, von vorne anfangen zu können. Mich noch mal zu ändern. Zu verbessern. Dieser Version von mir würde es sicher auch gelingen, fünf Kilo abzunehmen, weniger Schrott-TV zu gucken und die Familienpackung Haribo *Fantasia* gegen Kale Chips einzutauschen. Könnte mich ein neuer Rock nicht endlich zum Joggen motivieren? Muss ich diese Frage überhaupt beantworten? Denn würde diese Taktik funktionieren, wäre ich längst Marathonläuferin.

Stil entwickelt sich aus der Vorstellung, was Mode aus einem machen kann, niemals aus einem Zwang, mehr aus sich machen zu müssen. Etwas hinterherzulaufen – Trends, Vorschriften, unmöglichen Körperidealen – raubt der Mode nicht nur ihre Freude, bei diesem Wettrennen muss man verlieren. Es gibt gute Gründe, warum man bestimmte Dinge gerne anzieht, und einer der besten ist: Es steckt etwas Beruhigendes darin, nicht bei jedem Anziehen nach einer neuen Rolle für sich zu suchen und stattdessen zu zeigen, wer man längst schon ist. Sobald man das weiß, kann man wiederum von seiner Linie abweichen und hin und wieder mit Trends durchbrennen, die bald schon keine mehr sind. Hinterher kann man immer noch sagen „Weißt du noch, 1995/2001/2014, als wir alle Trainingsjacken/Bustiertops/Culottes tragen wollten? Köstlich!" Ich versuche, meine Übermutskäufe mit Humor zu nehmen. Es sind übrigens auch einige dabei, die eigentlich nicht zu mir passen sollten und die ich trotzdem gerne trage, darunter eine tomatenrote Pyjamahose und ein eiförmiges Lurexkleid, das viel besser aussieht, als es klingt. Der goldene Plisseerock verdient noch eine Chance, finde ich. Ein grauer Cashmerepullover könnte gut dazu aussehen.

DARAUF SPAREN
Die Anzüge von Pallas werden per
Hand im Pariser Atelier der Marke
hergestellt und sind so kostbar, wie
die Fertigung erwarten lässt
(pallasparis.fr).

SOFORT KAUFEN
Französische Labels wie The
Kooples haben regelmäßig smarte
Smokings im Sortiment
(thekooples.com).

Die 5-Minuten-Lösung

Es gibt zwei Sorten Männer. Die, die beim Date unaufgefordert ihre Jacke ausziehen und sie einem um die Schultern legen, wenn es fröstelt. Und die, die es nicht tun. Trägt man den Smoking schon selbst, findet man natürlich nicht heraus, mit welcher Sorte man es zu tun hat. Dafür ist man von vornherein so gut beschützt, dass man blendend ohne Hilfe auskommt. Als Yves Saint Laurent vor bald 50 Jahren *Le Smoking* entwarf, schenkte er uns ein Kleidungsstück, das bis heute in jeder Situation Stärke und Allure ausstrahlt. Im Unterschied zu damals ist der Anzug nicht mehr strikt für verrauchte Partys links der Seine bestimmt. Die Smokingjacke, oder auch ein Blazer mit seidigem Schalkragen wie hier von H&M, ist zu jedem Anlass unantastbar. Abends tauscht man Schnürschuhe gegen Stilettos *(By Malene Birger)*, Schultertasche gegen Clutch *(Olympia Le-Tan)* und Bluse gegen Leibchen *(Lala Berlin)*. Beim Date kann man dann darauf achten, ob er sein Dessert mit zwei Löffeln bestellt oder doch ein Schuft ist.

DER LETZTE SCHLIFF

„Perlen sind immer angebracht", sagte Jackie Kennedy und sprach vom dezenten Collier, mit dem sich zu ihrer Zeit die Damen der Gesellschaft schmückten. Zitieren kann man sie heute noch. Perlen haben nichts von ihrer Anmut verloren und gleichzeitig ihr angestaubtes Image abgelegt. Ein *ear cuff* würde wohl keiner mit einem großmütterlichen Accessoire verwechseln. Ein Perlenring an dünnem Goldband trägt zwar den Anschein eines Erbstücks, kann aber gerade deshalb unkonventionell getragen werden, zum Beispiel in der Mischung mit Cocktailringen. Und das Collier von einst ersetzt abends eine einzelne XL-Perle.

DARAUF SPAREN
Kühl eleganter Echtschmuck
von Sophie Bille Brahe, die Perlen
modern verarbeitet
(sophiebillebrahe.com).

SOFORT KAUFEN
Modeschmuck von Jane Kønig,
hier zu sehen, der in die Kategorie
fällt: „Sieht nach mehr aus, als auf
dem Preisschild steht"
(janekoenig.de).

Die Extras

Abendtasche | Die Tasche für den Abend darf all das sein, was sie für den Tag nicht sein muss: extravagant, so klein, dass maximal Lippenstift, Puderpapier und Kreditkarte reinpassen, und kostspielig dafür, dass sie so klein ist. Die Trophäe: eine Clutch von Olympia Le-Tan *(olympialetan.com).*

1

Haarspange | Was an Zeit für den Lockenstab fehlt, gleicht abends, wenn es schnell gehen muss, diese Frisur aus: Mittelscheitel ziehen, die Haare zum Dutt oder Pferdeschwanz tief im Nacken binden, mit breiten Metallspangen fixieren. Hier von Cos *(cosstores.com).*

2

3

Top | Seidenleibchen wie aus dem Boudoir sorgen zum Smoking (Seite 99), aber auch zu jeder anderen Ausgehjacke für den „Sexy, ohne es drauf anzulegen"-Look, der mit keinem anderen Kleidungsstück so unkompliziert gelingt. In Schwarz oder Pudertönen. Hier von Antonia Goy *(antoniagoy.com),* Fonnesbech *(fonnesbech-cph. com)* und Lala Berlin *(lalaberlin.com).*

4

5

6

Nagellack | Seit Uma Thurman in schwarzer Hose, weißem Hemd und DEM Nagellack durch *Pulp Fiction* tanzte, ist bekannt: Die richtige Maniküre macht den Look. Thurmans *Rouge Noir* von Chanel ist der Evergreen. Alternativ ein Zickenrot wie *Rouge Flore* von Kure Bazaar auftragen *(kurebazaar.com).*

Lingerie | Unterwäsche ist perfekt, wenn sie so gut sitzt, dass man nicht über sie nachdenkt. Dem, der sie sonst noch sieht, darf sie dagegen gerne in Erinnerung bleiben. Spitzen-BH und Slip von Love Stories *(lovestoriesintimates.com).*

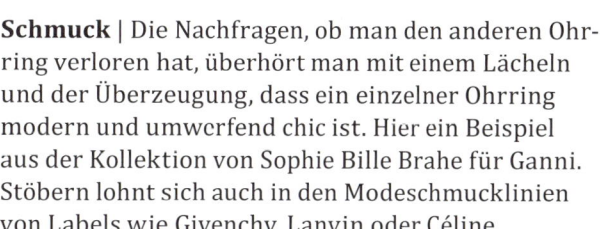

Schmuck | Die Nachfragen, ob man den anderen Ohrring verloren hat, überhört man mit einem Lächeln und der Überzeugung, dass ein einzelner Ohrring modern und umwerfend chic ist. Hier ein Beispiel aus der Kollektion von Sophie Bille Brahe für Ganni. Stöbern lohnt sich auch in den Modeschmucklinien von Labels wie Givenchy, Lanvin oder Céline.

ALLES AB

25 G

Im Sommer sollte alles ein wenig leichter fallen, auch das Anziehen. Nicht bloß, weil man weniger Kleidung braucht. Es gibt einfach zu viel anderes zu tun – Picknicks, Wochenendausflüge, Rosé trinken auf dem Balkon –, um über Outfits ins Schwitzen zu geraten. Die Verkörperung des Sommers ist ein besticktes Kleid. Es ist die Abwechslung vom Alltagspragmatismus, leicht, unbekümmert und romantisch. Die Sandalen dazu, der Badeanzug für darunter und alles andere, mit dem man Urlaub von der üblichen Garderobe machen kann, darum geht es in diesem Kapitel. Model Lisa Marie Dahlke kennt die richtigen Sonnenbrillen fürs Reisegepäck. Und da man auch im Sommer ab und zu ins Büro gehen muss, zeigt Charlotte Kraska von Anita Hass, wie selbst das ohne Mühe gelingt.

Zu schade, dass man im Sommer nicht nur in der Hängematte liegen darf. Zu schön, dass man es auch an Arbeitstagen entspannt angehen kann. Charlotte Kraska *weiß, welche Kleider die sonnige Laune ins Büro mitnehmen.*

H ach, all die entzückenden weißen Hippiekleidchen mit Lochstickerei. Die Bauernblusen. Die Denimshorts. Und erst die Strohtaschen, Panamahüte, Schnürsandalen! Es gibt keine Jahreszeit, für die das Einkaufen so viel Vergnügen bereitet. Dabei steht die Masse an gekauften „Das wäre genau richtig für eine Strandparty im Juli"-Teilen im umgekehrt proportionalen Verhältnis zu der Anzahl Strandpartys, auf die man im Juli gehen wird. Der Sommer macht so übermütig, dass man den Arbeitsalltag schlicht verdrängt. Keines der Teile, die im Laden noch so hinreißend aussahen, wollen an den Schreibtisch passen. Also heute wieder mal Jeans und Bluse? Das wäre allerdings eine Vergeudung dieser paradiesischen Zeit.

„Ich freue mich immer noch mal mehr auf den Sommer, wenn ich meine Kleider auspacke", sagt Charlotte Kraska und beschreibt damit nicht nur ein schönes Ritual – weg mit dem Winterzeug! Her mit der Hitze! –, sondern was es für den Sommer wirklich braucht: smarte Kleider. Als Head of E-Commerce und Buying bei Anita Hass, die Hamburger Fine-Fashion-Boutique, kauft sie für die Kleiderschränke anderer Frauen ein. Erster Anspruch an die eigene Garderobe: „Mein Outfit muss mit mir mithalten können." Bei unserem Treffen im Anita-Hass-Büro sitzt Charlotte mit ihrem Laptop am großen Konferenztisch. Manchmal pendelt sie zu ihrem eigenen Schreibtisch, zwischendurch schaut sie im hauseigenen Fotostudio vorbei oder flitzt in den Laden zwei Straßen weiter. Was sie trägt, darf ihr nicht im Weg stehen. Ein Kleid, das alles mitmacht: ein *wrap dress*. Als Blaupause gilt das Wickelkleid von Diane von Furstenberg, seit über 40 Jahren so gut wie unverändert und vermutlich auch in 40 Jahren noch zeitlos. Charlottes Variante ist ein Seidenkleid von Marc Jacobs in Weiß, „weil Weiß selbst am Ende eines Arbeitstages noch frisch wirkt". Da wir schon mal im Büro sind, noch ein wenig Rechnungswesen. Bei Bürokleidern, anders als bei Strandkleidern, gilt: ein Drittel zu zwei Drittel. Zeigt man ein Drittel Haut, sind zwei Drittel bedeckt. Ein kurzes Hemdkleid wie Charlottes Polo-Version von Acne trägt man also am besten hochgeschlossen. Ist das Hemdkleid – noch so ein Schnitt, der unverbesserlich simpel ist – dagegen knielang, bleiben am Ausschnitt ein paar Knöpfe offen, und die Ärmel werden gekrempelt. Kleider mit Spaghettiträgern und Miniröcken dürfen sich während der

Ein Kleid mit Midi-Länge ist modern, ohne fashion! *zu schreien.*

Arbeitszeit gerne komplett freinehmen. Übrigens auch synthetische Materialien, denn in Polyester klebt man spätestens gegen zwölf Uhr mittags am Schreibtischstuhl fest. Eines von Charlottes Lieblingskleidern ist von Erdem und aus bedrucktem Modaljersey, also so bequem zu tragen wie eine Jogginghose, durch den ausgeklügelten Schnitt aber so präsentabel wie ein Kostüm. „Das Material knittert nicht, ist also auch zum Reisen perfekt, und die Midi-Länge ist modern, ohne *fashion!* zu schreien." Noch etwas, zu dem sie rät: Prints tragen. „Sie sind viel ruhiger, als man denkt. Marken wie Erdem, die für Muster bekannt sind, entwickeln die Prints so, dass sie dem Auge nicht wehtun und dem Teint schmeicheln." Abstrakte Prints sind dabei anpassungsfähiger als Streublümchen-Muster (es sei denn, man liebt Streublümchen. In dem Fall: Nur zu!). Zu flachen Sandalen macht sich so ein Kleid übrigens auch im Urlaub sehr gut.

Charlottes geblümtes Erdem-Kleid trägt sich bequem wie eine Jogginghose und ist präsentabel wie ein Kostüm. Dazu: unmädchenhafte Accessoires von Céline.

WAS MAN VON CHARLOTTE LERNEN KANN

Feminine Kleider mit kontrastreichen Accessoires kombinieren. Eine Sandale mit Blockabsatz zu lieblichem Weiß oder ein nerdiger Gucci-Loafer zum sportlichen Hemdkleid machen den Look modern.

Sowieso: In ausgefallene Schuhe investieren – „aus Lackleder, in Quietschgrün, mit rotem Glitzerabsatz, Hauptsache besonders". Gerade, wenn man ansonsten zurückhaltend gekleidet ist, geben solche Schuhe ein Tuning.

Aus alten Mustern ausbrechen. „Bei Prints denken viele: Steht mir nicht, zu kompliziert, bin ich nicht. Sie sind aber genauso leicht zu tragen wie Unifarben." Mehr Tipps dazu auf Seite 112.

Beim Einkaufen in Anlässen überlegen. „Wann kann ich das anziehen? Ist es zu empfindlich für die Arbeit? Ist es zu sexy für eine bestimmte Einladung? Wenn das Teil nirgendwo reinpasst, hängen lassen. Auch wenn es wunderschön ist."

Nicht alles mitmachen. „Egg-Shape wird mir zum Beispiel nie stehen, ich habe die falsche Figur dafür. Aber seit mir mal jemand gesagt hat, ich hätte eine schöne Schlüsselbeinpartie, trage ich öfter tiefe V-Ausschnitte."

*Das kleine weiße Wickelkleid
für den Sommer wird mit hohen
Céline-Stiefeln herbsttauglich.*

WIE MISCHE ICH Muster?

1 Neutrale Farben sind unkomplizierter und vereinfachen das Anziehen. Andererseits sehen gekonnt vermischte Prints originell, raffiniert und dann auch mühelos aus. Erster Tipp, wenn es um Muster geht: sie nicht ignorieren. Und dann durchatmen, denn Muster kommen in Kombination mit simplen Schnitten einfach am besten zur Geltung.

2 Leopardenmuster funktioniert immer. Der exotische Print ist in der Mode so allgegenwärtig, dass er zu monochromen Looks nicht nur an der Croisette fast zahm wirkt. Herausforderung: Den Effekt mit Tasche, Gürtel oder Schuhen zum Leo-Mantel verdoppeln.

3 Streifen sind eine neutrale Farbe. Wer denkt sich denn so was aus? Jenna Lyons, Kreativchefin von J. Crew, die blau gestreifte Hemden als Basic zu allem trägt und stets umwerfend aussieht. Als Stilvorlage ebenfalls bei Google in der Bildersuche eingeben: Taylor Tomasi Hill, Natalie Joos, Yasmin Sewell. Pinterest wird sich schneller füllen, als man sich fragen kann, warum man nicht schon früher auf die Idee gekommen ist, Streifen zu Polka Dots zu Leo-Pumps zu tragen.

4 In einem Farbschema bleiben, etwa das Rot im gemusterten Rock im Print des Tops wiederholen. So finden Muster zusammen, die sich scheinbar abstoßen, wie Tupfen zu Streifen, Streifen zu Paisley, Paisley zu Karo, Karo zu Blumen. Merke: Grafische Prints ergänzen sich gut mit Mustern aus der Natur.

5 Balance schafft, den gleichen Print in unterschiedlichen Größen zu tragen, zum Beispiel einen Rock mit Blockstreifen zu einem Pullover mit dünnen Streifen, kleine Blüten zu großen Blumen, Sternchen-Print zu ... Halt, nein. Sterne sollten, wie alles, was unter Niedlichkeitsverdacht steht (Früchte, Schmetterlinge, Lippenstifte), auf ein Teil pro Outfit reduziert werden.

6 Das Negativ ins Positiv drehen. Anders ausgedrückt: Ein weißes Top mit schwarzen Blumen passt zum schwarzen Rock mit weißen Blumen.

7 Vor lauter Mischen schon etwas schummrig? Einzelne Prints mit unifarbenen Teilen voneinander trennen, und zwar in einer wiederkehrenden Farbe aus dem Muster. Nach dem gleichen Prinzip Tasche und Schuhe kombinieren.

8 Sich nicht den Kopf zerbrechen, sondern das den Designern überlassen. Die Laufsteg-Looks von Odeeh *(odeeh.com)*, Christopher Kane *(christopherkane.com)*, Dorothee Schumacher *(dorothee-schumacher.com)* oder Mary Katrantzou *(marykatrantzou.com)* studieren und sich inspirieren lassen.

9 Spaß haben. Wilde Kombinationen probieren, verwerfen, neu mischen und sich dann mutig genug fühlen, bunt gemustert loszugehen. Man wird für diesen Mumm eher bewundert werden als nicht – von jedem, der meistens Schwarz, Grau und Blau trägt.

WENIGER ist MEHR

DIE SANDALEN

Offiziell beginnt der Sommer Ende Juni. Inoffiziell beginnt er an dem Tag, an dem man zum ersten Mal ohne Socken rausgehen kann. Um das Gefühl des ersten Spaziergangs mit nackten Füßen möglichst lange zu bewahren, sollten Sandalen eine gewisse Freizügigkeit erlauben. Je näher an barfuß, desto besser. Slides kommen dem sehr nah – Sohle, ein bis zwei Lederriemen über den Zehen, das war's auch schon.

Die Thais von Ancient Greek Sandals *(ancient-greek-sandals.com,* im Bild links) haben etwas ähnlich Bodenständiges wie Birkenstocks, dem unwahrscheinlichen Modeschuh der letzten Jahre, sind im Auftritt aber weniger rustikal. So schick, dass man am liebsten mehrere davon auf Vorrat kaufen möchte, damit der Sommer ewig dauert: Roma-Slides von Newbark *(newbark.com)* und das Modell Oran von Hermès *(hermes.com).* Etwas bedeckter sind an der Ferse offene Slipper von Emerson Fry *(emersonfry.com)* oder die Neuinterpretation der spanischen Avarca-Sandale von Del Rio London *(delriolondon.com).*

So gut wie nackt ist dagegen der zweite Sandalentyp für den Sommer. Für die Römersandalen muss man nur zwei Anlaufstellen kennen: Rondini *(rondini.fr)* und K. Jacques *(kjacques.fr).* Beide Marken mögen von der mondänen französischen Riviera kommen, haben aber etwas von „Kate Moss auf Ibiza". Die würde dazu einen Kaftan und das selige Bewusstsein tragen, als Stilvorlage unumstößlich zu sein. In der Stadt zeigt man die Schnürer zur 7/8-Jeans oder auch zu einem Wickelkleid her (eher in Richtung fließender Morgenmantel denken als figurbetont). Wer, wie ich, mit Waden ausgestattet ist, mit denen man den Mount Everest hochkraxeln könnte, schnürt die Sandale locker um den Knöchel. Oder nimmt den klassischen Zehentrenner, ebenfalls von Rondini oder K. Jacques.

DIE SANDALEN machen Lust auf eine Pediküre in Flanierfarbe, und Rot läuft immer. Die Top 3: 1. *Hampstead Grove NailKale* von Nails Inc., ein pinkes Rot. 2. *Riviera* von Dior, ein Orangerot. 3. *Fifth Avenue* von Essie, ein Alarmstufenrot.

Doppelt hält besser: Slides von Ancient Greek Sandals und Schnürer von Tomas Maier.

SO TRAGE ICH …
DIE SONNENBRILLE

Lisa Marie Dahlke

Eine Sonnenbrille hat denselben Schönheitseffekt wie ein ehrliches Lachen: Jeder sieht damit besser aus. Beides kostet keine Mühe. Denn nichts ist einfacher, als in letzter Sekunde vorm Verlassen der Wohnung eine Sonnenbrille zu schnappen, um dem Outfit ein Lifting zu geben. Und, willkommene Nebenwirkung, nicht gleich der ganzen Welt mitzuteilen, dass man die Mascara für fünf Minuten länger im Bett geopfert hat. Das fällt hinter einer coolen Wayfarer keinem mehr auf. Oder doch lieber das „Mein Leben ist in Berlin, mein Herz in Kalifornien"-Modell mit den verspiegelten Gläsern? Noch besser die „Heute bitte keine Fotos"-Cateye. Kein anderes Accessoire, das mit so wenig Mühe verbunden ist, kann einen Look so entscheidend verändern. Model Lisa Marie Dahlke teilt ihre Sonnenbrillen in zwei Kategorien: „Eine teure, die man hütet wie seinen Augapfel. Und alle anderen, die auf Festivals oder am Strand verloren gehen dürfen." Um Erstere zu finden, schlägt sie vor, sich folgende Frage zu stellen: Würde man sie sich noch mal kaufen, falls man sie doch verliert? Bei der Suche empfiehlt sie folgende fünf Typen. Sie stehen jeder Gesichtsform so gut wie ein Lachen.

1. Die Pilotenbrille, hier von Ray-Ban *(ray-ban.com)*. Einerseits: Tom Cruise in *Top Gun*. Andererseits: Tom Cruise in *Top Gun!* Ganz gleich, wie viele schnöselige Cabrio-Fahrer mit dieser Brille durch die Innenstadt steuern, sie bleibt ebenso unantastbar wie Cruise als Pilot. Der trug die *Aviator* zum zweckmäßigen Overall. Wenn man so drüber nachdenkt: ein Look wie gemacht fürs Jetzt.

2. Die Cateye-Brille, hier ein Modell von Ace & Tate *(aceandtate.de)*. Eine Sonnenbrille mag den Effekt eines Lachens haben. Dieses Modell lässt offen, ob einen die Trägerin womöglich nur belächelt. Die Cateye macht die Gesamterscheinung unnahbarer, geheimnisvoller und auf eine Art glamouröser, die nach Filmstar aussieht.

3. Die verspiegelte Brille, hier von Le Specs *(lespecs. com)*. Kann auch eine mit durchsichtigem Acetat-Rahmen sein, wie sie Lisa Marie von Ace & Tate trägt. Eine mit pinker Fassung, mit Leo-Print, mit Verlaufsgläsern. Das ist die Brille, die schlicht Spaß macht.

4. Die D-Frame-Brille, hier von Céline *(celine.com)*. Seriös, dabei feminin. Klassisch, aber nicht langweilig. Nicht zu übersehen und trotzdem anpassungsfähig. Das ist die Brille, die alle Moden mitmacht und mit der man sofort angezogen aussieht.

5. Die *Round Metal* von Ray-Ban. Ihr Name ist so unspektakulär wie die Brille selbst. Sie sagt: „Ich interessiere mich nicht für Trends, sondern für Qualität." Wobei die *Round Metal* sehr wohl ein Trend der letzten Jahre ist. Wie auch die *Clubmaster*, ebenfalls Ray-Ban, oder die *714* von Persol. Doch wer wartet, bis der Trend vorbeigeht, hat die eleganten Brillen bald wieder für sich.

1. Ray-Ban | 2. Ace & Tate | 3. Le Specs | 4. Céline | 5. Ray-Ban

ZWEI für IMMER

BADEANZUG UND BIKINI

In vorsintflutlicher Zeit kaufte man Bademode, wenn man sie brauchte, also im Juni. Dann änderten sich die Modegezeiten, und die schönsten Badeanzüge und Bikinis wurden schon im Februar in die Läden geschwemmt, also ausgerechnet dann, wenn man nicht in der richtigen Stimmung (oder, seien wir ehrlich, der körperlichen Verfassung) war, sich halbnackt in die Umkleide zu stellen. Inzwischen ist der beste Zeitpunkt zum Kauf: Jetzt, auch wenn jetzt zufällig Juni oder Februar ist. Weil es inzwischen viele Marken gibt, die das ganze Jahr über liefern und man Bademode somit zuhause vor einem Spiegel anprobieren kann, der nicht beleuchtet ist wie ein OP-Tisch. Einfach, oder? Vorab trotzdem einige Tipps:

Ein Stoff, der fest sitzt und dabei nachgiebig ist, erübrigt ständiges Zuppeln an Beinausschnitt und Dekolletée. Die Marke Prism verwendet etwa Meryl, eine Mikrofaser, die wasserabweisend und winddicht ist *(prismlondon.com)*. Die Designerin Lisa Marie Fernandez *(lisamariefernandez.com)* arbeitet für ihre gleichnamige Marke mit einer Neopren-Variante. Eres *(eresparis.com)* hat die firmeneigene Polyamidmischung Peau Douce genannt – wie in François Truffauts *Die süße Haut*. Ach, die Franzosen.

Um Bademode zu entwerfen, muss man kein Surfer sein. Marysia Dobrzanska Reeves hat die Erfahrung vom Wellenreiten trotzdem bei der Entwicklung von Marysia Swim geholfen *(marysiaswim.com)*. Ihre Badeanzüge und Bikinis (im Bild) geben Halt – auch beim Wenden auf der Sonnenliege.

Leserinnen von Frauenzeitschriften können es im Schlaf aufsagen: Kleines Bäuchlein, dann ein Badeanzug, der Taille schafft. Viel Busen = Neckholder. Gerade Figur = Bandeau-Top. Ausladende Hüfte = Hipster. Das sind vernünftige Guidelines. Am sinnvollsten ist, unabhängig von der Figur bei Marken zu schauen, die auf Bademode spezialisiert sind und jede Passform perfektioniert haben. Schön: die Entwürfe von Mymarini, die durch doppelt verarbeitetes Material einen Shape-Effekt haben *(mymarini.com)*.

Badeanzug oder Bikini? Typfrage. Badeanzüge werden längst nicht mehr von rüstigen Golden Girls bevorzugt. Bikinis sind wiederum nicht mehr so winzig, dass man für den Rest des Lebens auf Kohlehydrate verzichten möchte. Und sexy ist nicht gleichbedeutend mit einem Teil in Briefmarkengröße. Stattdessen mit Gegensätzen spielen: vorne hoch geschnittener Badeanzug – aber mit einem tiefen Rückenausschnitt. Sportlicher Bikini – aber aus anschmiegsamem Neopren.

Geht es sonst noch jemandem so, dass er bei Bikini-Top und -Höschen unterschiedliche Größen braucht? Bestimmt, denn sonst wären schlaue Labels nicht auf die Idee gekommen, sie separat anzubieten, zum Beispiel Araks *(araks.com)*, Princess TamTam *(princessetamtam.com)* oder Orlebar Brown *(orlebarbrown.de)*.

Weitere Marken, die man sich vorm Einkauf notieren kann: Marlies Dekkers *(marliesdekkers.com)* für 1950er-Jahre-Hollywood-Glamour. Athletisch schön: Solid & Striped *(solidandstriped.com)*. Clean: Her The Label *(herthelabel.com)*. Extravagant: Zimmermann *(zimmermannwear.com)*. Die Trophäe kommt von Eres.

Abtauchen bei Trendstücken, zugreifen bei schnörkellosen Schnitten und dezenten Farben. Warum? Weil es einem erspart, jedes Jahr neu zu kaufen. Über einen unifarbenen Badeanzug zum sonnenschirmgroßen Strohhut freut man sich viele Sommer lang.

Badeanzug Mott *und Bikini*
Broadway *von Marysia.*

Die Latzhose

ODER DIE FRAGE
NACH PERFEKTION

In der Zeit, in der ich an diesem Buch geschrieben habe, klebte ein Foto von mir über meinem Rechner. Es ist ein Schnappschuss aus der Uni-Zeit, auf dem ich ein bauchfreies Tube-Top zu einer Latzhose trage, bei der ein Träger runterhängt, und in den Haaren einen Zickzack-Haarreifen. Eine Kombination aus Spice Girls (Kleidung) und David Beckham (Frisur), die ausgesprochen ungünstig ist. Das Foto habe ich aber nicht deshalb aufgehängt, um mich beim Schreiben daran zu erinnern, dass man seinen Stil durchaus positiv verändern kann. Sondern als Erinnerung daran, nicht so streng mit mir zu sein.

Ich weiß nicht mehr, was ich vor beinahe 20 Jahren – vor beinahe 20 Jahren! – darüber gedacht habe, wie ich heute sein würde. Vermutlich gar nichts. Ich hatte damals Besseres zu tun, als an mein zukünftiges Ich zu denken, hatte auf Partys zu gehen und mit Jungs rumzumachen, heimlich aus dem Fenster im Studentenwohnheim zu kiffen und alle paar Wochen mein Taschengeld bei Topshop für etwas Buntes und Kurzes auszugeben. Wenn ich ein Konzept von Später hatte, war es so etwas wie die vage Hoffnung, irgendwann angekommener zu sein (was meistens genau dann passierte, wenn ich mal wieder von einem Jungen enttäuscht wurde).

Ohne dass ich immer den direkten Weg gewählt habe, bin ich wirklich angekommen, bei einem Leben und bei einem Stil, die zu mir passen. Ich bin nicht mehr so zaudernd wie mit 19, mir sind nicht ständig Dinge peinlich, ich bin nicht so leicht aus der Fassung zu bringen. Ich habe mich festgelegt, und darin liegt eine Selbstgewissheit, die ich meinem früheren Ich öfter gewünscht hätte. Was ich mir von meinem früheren Ich dagegen manchmal zurückwünsche, ist eine Unvorsicht, die mir mit dem Erwachsenwerden abhanden gekommen ist.

Denn wenn ich mir das Bild von damals angucke, war mein erster Anspruch an Kleider nicht, dass sie vorteilhaft sein müssen. Ich wollte gut in meinen Klamotten aussehen, doch meine Liebe war bedingungsloser als heute. Jedenfalls habe ich mir nicht zur Bedingung gemacht, für ein bauchfreies Oberteil top trainiert zu sein. Da blitzt ein Stück weicher Bauch hervor, den man nur durch sportliches Heben von Pint-Gläsern im Pub hinbekommt und den ich heute niemals so herzeigen würde. Zwischen damals und jetzt habe ich mir eine Härte angeeignet, mit der ich es mir zum Beispiel übel nehme, dass ich seit der Geburt meines Sohnes vor fast zwei Jahren noch immer acht Kilo mehr wiege als vor der Schwangerschaft.

Mein Körper hätte sich mit dem Alter sicher auch so verändert. Gefühlt bin ich immer noch 27, physisch nunmal 37. Ich habe mit den Jahren gelernt, ganz gut auf mich achtzugeben (weniger Pints, mehr echter Sport), aber mit der Zahl auf der Waage fühle ich mich derzeit nicht wohl. Die Frage, wie viel die immer rigoroseren Körperideale mit diesem Unwohlsein zu tun haben, verdient eine ausführlichere Antwort, doch einer der Gründe ist sicher die Art, wie wir über Mode in Bezug auf unsere Körper denken. Kleidung darf nicht nur Kleidung sein, sie muss längen, strecken, kaschieren, Pfunde wegzaubern, Silhouetten verschlanken. Das Bild vom vorgeblich perfekten Frauenkörper ist so allgegenwärtig, dass man sich im ständigen Vergleichs-Modus befindet. Warum sind meine Beine nicht dünner, Haare nicht glänzender, Zähne nicht gerader? Es kann in der Umkleidekabine verdammt eng werden vor lauter Vorbildern, die man neben sich im Spiegel sieht und an die man nie heranreicht.

Ich gebe überall in diesem Buch Ratschläge, was welcher Figur schmeichelt, und sie sind ernst gemeint, weil Mode dazu da sein sollte, sein bestes Ich zu sehen. Ich wünschte bloß, ich würde von meinem besten Ich nicht erwarten, dass es eine Figur wie Gwyneth Paltrow hat. Dann würde ich mir vielleicht eine *501* von Levi's kaufen, auf die ich gerade Lust habe, obwohl mir andere Jeans besser stehen. Einen Midi-Rock ausprobieren, obwohl der Schnitt als „schwierig" gilt. Weniger Schwarz

tragen. Und ich würde von mir verlangen, weniger selbstkritisch zu sein. Wenn eine Freundin so über mich urteilen würde, wie ich es selbst tue, wären wir längst keine Freundinnen mehr.

Auf dem Bild über meinem Schreibtisch fällt mir nicht zuerst der weiche Bauch auf, sondern, dass ich deswegen nicht unzufrieden aussehe. Es gibt vieles, was ich diesem Mädchen sagen könnte: Mach dir keinen Kopp über deine Zukunft, dein Leben wird sich schon ergeben. Es wird dir so vieles passieren, was du nicht planen kannst, also versuch es erst gar nicht. Älterwerden wird sich meistens gut anfühlen. Hör trotzdem früher mit dem Rauchen auf.

Falls das Mädchen wiederum mir einen Rat geben könnte, dann vielleicht diesen: Weißt du noch, die Latzhose, die du neulich bei Zara anhattest und bei der du dir unsicher warst, ob man die in deinem Alter noch tragen kann? Weil deine Oberarme darin so sichtbar sind und du noch drei Monate Liegestützen vom perfekten Bizeps entfernt bist? Geh auf der Stelle zurück und kauf das Teil! Nur schließ diesmal beide Träger. Das andere war ein Look, den du niemals wiederholen solltest.

WENIGER ist MEHR

KOFFER PACKEN

In den 1970er Jahren schrieb die Schriftstellerin Joan Didion eine Liste, die ihr das Kofferpacken bei spontanen Reisen erleichtern sollte. Auf dieser Liste, die sie in ihrem Kleiderschrank aufgehängt hatte und später in dem Essayband *The White Album* veröffentlichte, stand: 2 Röcke, 2 Jersey-Oberteile oder Trikot-Tops, 1 Sweater, 2 Paar Schuhe, Strumpfhose, BH, Nachthemd, Bademantel, Slipper, Zigaretten, Bourbon. Tasche mit: Shampoo, Zahnpasta und -bürste, Basis-Seife, Rasierer, Deodorant, Aspirin, verschreibungspflichtigen Medikamenten, Tampax, Gesichtscreme, Puder, Babyöl. Im Handgepäck: Mohair-Überwurf, Schreibmaschine, 2 Notizblöcke und Stifte, Unterlagen, Haustürschlüssel.

Mit der Schreibmaschine muss sich inzwischen keiner mehr abschleppen. Davon mal abgesehen ist Didions „To Pack and Wear" erstaunlich zeitgemäß und universal verwendbar dafür, dass sie spezifisch Kleidungsstücke aufgeschrieben hatte, die ihr als Reporterin Anonymität schenkten. Unter Mode-Nerds wird die Liste so ehrfürchtig weitergereicht wie ein Spickzettel unter Abiturienten. Wenn Joan Didion, die so anstrengungslos wirkt, als habe sie sich noch nie über etwas Banales wie Kleidung den Kopf zerbrochen, eine Erinnerung braucht, auf Reisen nur das Nötigste zu packen, dann gibt es für den Rest von uns womöglich Hoffnung. Oder bin ich die Einzige, die schon mal für ein verlängertes Wochenende fünf Paar Schuhe eingepackt hat? Von denen ich natürlich nur ein Paar getragen habe. Die Selbstkontrolle einer Joan Didion werde ich mir vielleicht nie aneignen, aber für eine entspanntere Abwicklung bei der Sicherheitskontrolle (und weniger Getrage davor und danach) habe ich ihre Liste als Vorlage für einige Regeln genommen:

1. Das ausgefallene Kleid, für das man zuhause immer den passenden Anlass sucht? Man wird auch im Urlaub keine Gelegenheit dafür finden. Umgekehrt wird man für alle guten Basics, die man zuhause in der *heavy rotation* hat, auch unterwegs dankbar sein.

2. Auf Reisen erleichtern besonders Teile das Leben (und den Koffer), die man variieren kann. Den Adapter vergesse ich zwar immer wieder, dafür denke ich stets daran, mein Hemdkleid von Rika einzupacken, das bei Terminen (mit Blazer), im Restaurant (mit Gürtel und hohen Schuhen) oder am Strand (mit Bikini) zum Einsatz kommt.

3. Man könnte die Zeit vor der Abreise damit verbringen, den Adapter zu suchen, noch besser nimmt man sich eine halbe Stunde, mögliche Outfits auf dem Boden hinzulegen. Das hilft dabei, Balance in die Farben zu bringen. Und Überflüssiges zu eliminieren: Alles, wozu nur ein bestimmtes Paar Schuhe passt, die man nicht mitnehmen kann, weil man beschlossen hat, dass zwei Paar Schuhe reichen. Alles, was man nur einmal tragen kann, bevor es in die Reinigung muss (tschüss, Seidenkaftan!). Alles, was umständlich gebügelt werden muss. Der Trick, Seidenblusen ins Bad zu hängen, damit sie vom Wasserdampf geglättet werden, funktioniert nämlich nie. NIE. Seidenbluse soll aber dennoch mit? Dann entweder rollen. Oder einmal gefaltet obenauflegen.

4. Obendrauf kann man dann auch nicht mehr in letzter Sekunde das extra Paar Schuhe werfen, nur für den Fall. Oder einen zweiten Mantel, man weiß ja nie. Niemandem wird auffallen, dass man nur einen Mantel trägt, nicht mal einem selbst. Man hat ja so schlau gepackt, dass man ihn variieren kann.

5. Das eine Kleid, das perfekt wäre, sollte an der Bar des Chateau Marmont zufällig der einzig letzte Platz neben George Clooney frei sein, das sollte man aber doch noch mitnehmen. Die Wahrscheinlichkeit mag winzig sein, aber die Möglichkeit des Unvorhergesehenen macht das Reisen schließlich aus.

P.S.: Und dann bleibt immer noch genug Platz im Koffer für alles, was man im Urlaub unbedingt kaufen muss und zuhause nie anzieht.

Passt alles rein, was mit muss:
Weekender von By Malene Birger.

Die 5-Minuten-Lösung

Früher brachte man ein Souvenir aus dem Urlaub mit, das man nur dort kaufen konnte. Von Mallorca eine Korbtasche, aus Thailand einen Sarong und aus New York ein „*I [heart] New York*"- T-Shirt. Mittlerweile kann man online alles von überall bestellen. Das ist praktisch, aber auch ein wenig unromantisch. Ein reich besticktes Kleid ist zumindest so entschieden sommerlich, dass es kombiniert mit Schnürsandalen, hier von All Saints, sofort nach Ferne aussieht, ganz egal, wo man es gekauft hat. Und hat den großen Vorteil, dass man im Urlaub nicht erst danach suchen muss.

DARAUF SPAREN
Ein Vyshyvanka, Kleid oder Bluse mit traditionell ukrainischer Stickerei und Glockenärmeln. Dieses Kleid ist eine Maßanfertigung, bestellt über Etsy, gibt es aber auch von March 11 *(march11.us)* und Vita Kin (über *matchesfashion.com).*

SOFORT KAUFEN
Eine bestickte Tunika aus Mexiko von Santa Lupita *(santalupita.com).*

DER LETZTE SCHLIFF

Das *Seidentuch* ist eines dieser Teile, die man kauft und dann ständig vergisst zu tragen. Am besten versteht man diese Seite daher als Erinnerung für den nächsten Sommer, denn ein buntes Tuch ist ein willkommenes Accessoire für faule Tage. Man kann es als Gürtel zur Jeans tragen. Um die Henkel einer Handtasche zwirbeln. Statt eines Zopfbandes nehmen. Einmal um den Hals werfen. Eine besonders schöne Variante ist, es als Kopftuch zu tragen. Locker im Nacken gebunden, erinnert es an die verblichene Grandezza der italienischen Riviera. Mit dem praktischen Nebeneffekt, dass es die eher unfeine Strandfrisur verbirgt.

GUT ZU WISSEN
Die *Silk Knots App* von Hermès inspiriert – und motiviert – mit Videos, in denen zig verschiedene Arten vorgeführt werden, ein Carré zu tragen.

DARAUF SPAREN
Ein Seidencarré von Hermès
(hermes.com), im Bild.

SOFORT KAUFEN
Ein Foulard von Uterqüe, auch
sonst eine gute Adresse für
Accessoires *(uterque.com).*

Die Extras

1 **Hut** | Es gibt nur wenige Männer, die mit Panamahut nicht wie ein Kleinganove aussehen. Ausnahmen: Ernest Hemingway, Paul Newman, Pierce Brosnan. Nach ihrem Vorbild schenkt der Hut aus den Blättern der Toquilla-Palme jedem Frauen-Outfit ein hemdsärmeliges Flair. Hut von Tiger of Sweden *(tigerofsweden.com).* Auch empfehlenswert: J. Crew *(jcrew.com)* und Sensi Studio *(sensistudio.com).*

2 **Korbtasche** | Im Sommer darf die Tageshandtasche Urlaub machen und wird gegen eine Korbtasche einge-tauscht, der man die Ausflüge an See und Strand nicht ansieht. Extravagantes gibt es von Tory Burch *(toryburch.de)* oder Kayu *(kayudesign.com).* Charmant: ein kleiner Weidenkorb vom Wochenmarkt.

3 **Clutch** | Leider hat so eine Korb-tasche innen kein Extrafach. Sonnencreme, Lipbalm und Schlüs-sel reisen in einem bestickten Beutel mit, wie der *Bibi Pouch* von Folk Days *(folkdays.de),* die abends zur Clutch wird. Kleine Stofftaschen wie diese findet man auch bei Sophie Anderson *(sophieanderson.net)* und Muzungu Sisters *(muzungusisters.com).*

Selbstbräuner | Zur sanften Einstimmung auf den Urlaub: Fake Tan. Für glaubwürdige Resultate eine Creme nehmen, die nach und nach bräunt und damit diese eine Stelle am Knöchel, die man verlässlich übersieht, nicht so auffällig bleich bleibt. *Gradual Tan* von St. Tropez *(sttropeztan.com).*

Tuch | Allein, weil es im Koffer viel weniger Platz einnimmt als ein Strandtuch und dadurch mehr Stauraum für alles wirklich Wichtige lässt: Hamamtuch von Wild Heart Free Soul *(wildheartfreesoul.com).*

Espadrilles | Der Espadrille ist ein Schuh wie eine Sommerliebe: leicht, hält drei Monate lang und am Ende bleibt die Erinnerung an alle Strände und Sonnenuntergänge, die man zusammen gesehen hat. Espadrilles von Lika Mimika *(likamimika.com)* halten sogar noch länger.

ALLES UNTER

N̄ull

Der Winter ist der größte Feind der Mode. Das hat jahrelang pünktlich zum November eine schlaue Kollegin gesagt, die allerdings auch im Winter stets fabelhaft aussah. Dieses Kapitel handelt davon, dass sich Komfort und Stil auch bei Minustemperaturen nicht ausschließen. So zeigt zum Beispiel Yogalehrerin Michaela Aue, dass Cashmerepullover gleichzeitig praktisch und schön sind. Fotografin Sandra Semburg hat überzeugende Gründe, warum man mindestens so viele außergewöhnliche Mäntel wie Mützen besitzen sollte. Und die Däninnen beweisen, dass man ein glücklicherer Mensch wird, wenn man sich gegen das Grau anzieht.

Michaela Aue möchte sich in ihrer Kleidung vor allem wohlfühlen. Ein entspannter Nachmittag mit der Yogalehrerin, die in ihren Cashmerepullovern lebt (und meistens auch in Leggings).

Als ich überlegte, welche Frauen ich gerne fragen würde, warum sie sich so anziehen, wie sie sich anziehen, fiel mir Michaela Aue als eine der ersten ein. Dabei konnte ich nicht mal genau sagen, was sie trägt. Ich dachte bloß an ihre ungekünstelte und warme Ausstrahlung. Sie ist als Person so präsent, dass ich umso mehr wissen wollte, was ihr an Kleidung wichtig ist.

„Kann ich sagen, dass ich mich einfach wohlfühlen möchte?", fragt sie. Ja, warum denn nicht? „Das sagt sicher jeder. Ich fühle mich aber wirklich die meiste Zeit so, als sei ich gerade erst aufgestanden. Das hat sich auf meine Garderobe übertragen." Michaela kann genau festmachen, wann es in ihrem Kleiderschrank gemütlicher wurde: als sie Teenager war und mit Yoga anfing. Inzwischen unterrichtet sie in verschiedenen Studios in Berlin, darunter dem sehr empfehlenswerten Your Space *(yourspaceberlin.com)*. Nebenbei arbeitet sie in der Markenkommunikation für Modelabels. Wie verträgt sich das miteinander? „Ich genieße das Show-Element von Mode, aber diese Welt hat für mich nichts mit der Realität zu tun", sagt sie. „Ich muss mich nicht mehr inszenieren. Ich möchte ausdrücken, wer ich bin."

Es bringt sie zum Lachen, dass auf einmal ausgerechnet Yogahosen als angesagt gelten und zum Beispiel die von Lululemon mit einem Aufpreis von Designerstücken bei eBay weiterverkauft werden. *Athleisure*, das Trendwort der Stunde, bedeutet für sie keine Anlassmode. Es ist das, was sie jedes Wochenende trägt. „Zwischen Samstagmorgen und Sonntagabend lebe ich in meinen Yogahosen. Mir reicht es auch sonst, wenn es *basic* ist. Dann passt alles zusammen. Und zu allem passt ein Cashmerepullover."

Etwas, das Michaela sogar noch lieber trägt als ihre Sportkleidung. Es mag zwar stimmen, dass sie sich oft wie frisch aus dem Bett gefallen vorkommt, aber ein feines Material wie Cashmere wirkt sofort angezogen. Ihre Kleider fordern keine Aufmerksamkeit, umso mehr fällt auf, mit wie viel Bedacht sie ihre Basics auswählt. Die Ärmel bei einem großen Männerpullover trägt sie dreimal umgeschlagen und geschoppt, um nicht darin zu versinken. Ein vorne in die Boyfriend-Jeans gesteckter Pulli ist ein apartes Detail. Einen schmalen schwarzen Ledergürtel bindet sie mit einem extra Knoten.

Ich genieße das *Show-Element* von Mode, aber ich muss mich nicht mehr inszenieren. Ich möchte ausdrücken, wer ich bin.

Der Gürtel ist ein Lieblingsstück und kommt von Everlane, einer amerikanischen Marke, die sich auf nachhaltig produzierte Mode spezialisiert hat. Leider lange nicht auf internationalen Versand, deshalb wurden Freunde, die in die USA reisten, von Michaela jahrelang mit Einkaufslisten versorgt. Wenn sie erst mal ein Label für sich entdeckt hat, bleibt sie dabei, wie bei Citizens of Humanity für Jeans oder Uniqlo für Strick. Im Winter verlässt sie sich auf die Dicker-Boots von Isabel Marant, im Sommer auf Birkenstocks.

Sie hat zu einer Mode gefunden, die nach innen gewandt ist. Angelegt auf Wohlbefinden, Echtheit und Nachhaltigkeit. „Ab und zu kommt es aber vor, dass ich mich ZU wohl fühle", sagt sie und lacht. Sie erzählt, dass sie vor Kurzem in ihrem „Auf dem Weg zum Yoga"-Outfit inklusive Birkenstocks an der Ampel stand, als sie einen kleinen Jungen neben sich sagen hörte: „Du, Papa, warum hat die Frau ihre Hausschuhe auf dem Fahrrad an?" Die Ampel sprang auf Grün um, bevor sie die Antwort hören konnte.

Michaela wählt ihre Basics mit Bedacht und bleibt ihnen treu, wie Pullovern von Uniqlo und Rover & Lakes, Jeans von Citizens of Humanity und Yogahosen von Lululemon.

WAS MAN VON MICHAELA LERNEN KANN

Cashmere muss nicht teuer sein. „Mein Geheimtipp: Die Marke Rover & Lakes aus der Männerabteilung von Galeria Kaufhof. Die Pullover kosten ab 59,99 Euro und der kastige Schnitt ist perfekt."

Einkaufslisten führen. „Das bewahrt mich zwar auch nicht davor, den dritten Pullover in Blau zu kaufen, aber wenigstens wird mir bewusst, dass ich mal einen in Beige bräuchte."

„Ein sattes Dunkelblau sieht immer angezogen und ordentlich aus."

Bei Basics entscheiden die Accessoires, ob der Look gewollt oder bloß nachlässig aussieht. Deshalb immer auf gute Schuhe setzen.

Nicht die Kopie kaufen, sondern warten, bis man sich das Original leisten kann. „Die *Box Bag* von Céline wird eines Tages mir gehören, sie weiß es nur noch nicht."

Die lockeren Pullover trägt Michaela nicht nur zu Yogahosen, sondern gern zu smarten Röcken wie von Avelon mit Animal Print und in Schwarz von Rika (hier im Bild). Ihre Halskette von Nallik mit Rosenquarz trägt Michaela zu allem.

WIE PFLEGE ICH Cashmere?

1 Die Pflege beginnt beim Kauf. Einfache Qualitätskontrolle: Gutes Cashmere findet wieder zurück in seine Form, wenn man Pullover oder Cardigan in die Breite zieht. Außerdem sollte das Teil beim Darüberstreichen nicht fusseln und wenig lichtdurchlässig sein – Merkmale, dass besonders feines Garn verwendet wurde.

2 Marken wie Pringle of Scotland, Ballantyne oder Loro Piana verwenden Premium-Garn und das erkennt man auch am Preis. Ein hochwertiger und haltbarer Pullover muss nicht automatisch so viel kosten wie eine Herde mongolischer Kaschmirziegen. In Preis und Leistung beispiellos: Cashmere von Uniqlo *(uniqlo.de)*.

3 Ganz billig kommt man bei Cashmere schon deshalb nicht weg, weil Kaschmirziegen nur in wenigen Regionen beheimatet sind und aufgrund der gestiegenen weltweiten Nachfrage nach dem Garn etwa in der Mongolei längst eine Überweidung stattfindet. Vor dem Kauf am besten an der jüngst gegründeten Sustainable Fibre Alliance orientieren, die eine Guideline zum Nachhaltigkeitsstandard für Cashmere veröffentlicht hat.

4 Erkennt man die Qualität nicht auch daran, dass sich keine Knötchen bilden? Ein Gerücht. Knötchen entstehen immer. Auf Qualitätsgarn allerdings nur zu Anfang. Entfernen kann man sie, natürlich auch auf allen anderen Wollpullovern, mit einer Kleiderbürste mit Bronzedraht oder einem Pflegekamm mit Bimssteinbesatz. Beides gibt es bei Manufactum *(manufactum.de)*.

5 Noch so ein Gerücht: Cashmere hält länger, wenn man es selten wäscht. Schmutzpartikel ziehen Motten an. Gerade im Winter wird der Pulli schnell wieder frisch, wenn man ihn nach dem Tragen an die Luft hängt. Minustemperaturen sind auch das beste Gegenmittel, falls die Motten doch in den Kleiderschrank geschwirrt sind. Dazu den Pulli in einem Gefrierbeutel versiegeln, für ein paar Tage ins Eisfach legen, waschen – erledigt.

6 Was den Tieren ebenfalls nicht gefällt: chemische Waschmittel. Tatsächlich steht bei Cashmere auf dem Label oft *„dry clean only"*. Hat allerdings den Nachteil, dass das Material irgendwann unter der aggressiven Reinigung leidet.

7 Wenn man für einen einzelnen Pullover nicht das Wollprogramm anschmeißen will: Waschbecken mit lauwarmem Wasser füllen, Spezialpflegemittel, etwa von The Laundress, oder Babyshampoo dazugeben und umrühren, damit es sich im Wasser auflöst. Dann das Teil auf links drehen, einweichen lassen und mit klarem Wasser ausspülen.

8 Zum Trocknen zuerst auf ein farbechtes Handtuch legen, zu einer Rolle drehen und ausdrücken, damit überschüssige Feuchtigkeit aufgesogen wird. Bitte nicht auswringen.

9 Dann auf einen Wäscheständer legen und sicherstellen, dass dieser nicht in direktem Sonnenlicht oder an einer aufgedrehten Heizung steht. Cashmerefasern reagieren empfindlich auf Hitze. Daher immer besser dämpfen als bügeln.

10 Zur Aufbewahrung legen, nicht hängen. Die Schubladen – oder, zum Übersommern, die Plastikkisten – sollten trocken und staubfrei sein. Sonst kommen schon wieder Motten. Gegen die helfen ebenfalls die altbekannten Lavendelsäckchen. Wer den Duft von Lavendel nicht ausstehen kann: Rosmarin und Zedernholz haben die gleiche Wirkung.

EINER für IMMER

DARAUF SPAREN
Church's *(www.church-foot-wear.com).* Halleluja!

SOFORT KAUFEN
Kurt Geiger legt Chelsea Boots jedes Jahr neu auf. Sind ja auch Engländer *(kurtgeiger.com).*

DER CHELSEA BOOT

Ich kann mich drauf verlassen wie auf Herbststürme, runterfallendes Laub und das plötzliche Bedürfnis nach heißer Schokolade: Jedes Jahr im Oktober führe ich folgendes Selbstgespräch …

„Du brauchst Winterstiefel."

„Ich habe Winterstiefel."

„Chelsea Boots zählen nicht."

„Aber wieso denn? Bestimmt wird der Winter in Berlin wieder ganz mild."

„Auf den Klimawandel kannst du dich nicht verlassen. Und plötzlich stehst du im Dezember mit blaugefrorenen Zehen in einer Schneewehe."

„Ich riskier's. Lieber das, als mich mal wieder auf die vergebliche Suche nach schönen Winterstiefeln zu machen. Es gibt sie nämlich nicht."

„Schön? SCHÖN?!? Wann wirst du endlich einsehen, dass Schuhe für diese Jahreszeit hauptsächlich warm sein müssen?"

„Weißt du noch, als ich zuletzt auf dich gehört habe und mir ach so praktische Ugg Boots gekauft habe? Unmöglich sah ich darin aus."

„Wenigstens kannst du sie immer noch als Hausschuhe tragen."

„Stimmt. Zuhause sieht wenigstens niemand, dass ich in den Uggs den schweren Gang eines trächtigen Nilpferds habe."

„Wie wäre es für draußen mit Duck Boots?"

„Schon drüber nachgedacht. Passen leider null zu meiner übrigen Garderobe."

„Doc Martens?"

„Ebenso."

„Frye Boots?"

„Schön. Und sehr teuer."

„Die Pistol Boots von Acne?"

„Tragen leider alle."

„Wie wäre es denn mit den neuen Stiefeln von Isabel Marant? Nowles oder so ähnlich. Wobei, die sind sicher wieder überall ausverkauft."

„Macht nichts. Man müsste schon Beine wie eine Gazelle haben, um in den Nowles nicht wie ein Trampel dazustehen."

„Das würde doch eh keinem auffallen. Die Leute sind viel mehr damit beschäftigt, nicht im Schneematsch auszurutschen, als darauf zu achten, was du an den Füßen trägst."

„Mir fällt es aber auf. Denn was nützt mir der schönste Wintermantel, wenn die Stiefel dabei nicht mithalten können?"

„Mukluks?"

„Bist du irre?"

„Letzter Versuch: Cowboy Boots!"

„Ahahahahahaha!"

„Langsam habe ich das Gefühl, du willst gar keine neuen Stiefel."

„Hab ich doch gleich gesagt."

Das stimmt so auch wieder nicht. Ich würde gerne Winterstiefel finden. Sie sollen nur eben genau so sein wie Chelsea Boots, bloß wärmer. Denn ansonsten sind sie perfekt. Das größte Plus ist die schmale Form, die eine Eleganz von Ankle Boots hat, minus die Beschwerlichkeit von Absatzschuhen. Man könnte sie in ihrer Schlichtheit unterschätzen, doch auch das ist ein Bonus, denn sie laufen in alle Stilrichtungen mit. Obwohl ich zwischendrin auch mal fremdgehe – letztes Jahr hatte ich plötzlich Lust, fette *Sk8-Hi*-Turnschuhe von Vans zu meinen Winterschuhen zu machen–, werde ich immer wieder zu den Chelsea Boots zurückkehren, wie diesen von Shoepassion. Ich trage sie dann mit Einlegesohle aus Lammfell. Und hoffe eben auf einen milden Winter.

SO TRAGE ICH ...
MÄNTEL

Sandra Semburg

„Woher ist dein Mantel?" Ich stelle Sandra diese Frage beinahe jedes Mal, wenn wir uns zwischen Oktober und April sehen, denn ihre sind außergewöhnlich schön. Und kommt es mir nur so vor, oder hat sie jedes Mal einen anderen an? „Es stimmt, bei Mänteln halte ich mich nicht zurück", sagt sie. „Aber ich trage auch fast kein anderes Kleidungsstück so oft." Als wir uns treffen, kommt gerade eine frische Lieferung an: ein puderfarbenes Modell von Carven. „Brauche ich wirklich einen Mantel in dieser Farbe?", fragt sie und gibt prompt selbst die Antwort, als sie ihn zu einer weißen Acne-Jeans anprobiert. Die Kombination wirkt an diesem bewölkten Berliner Morgen wie Lichttherapie. Den Effekt eines Stimmungsaufhellers hat auch der weiße Flauschmantel von Stella McCartney, in dem die Fotografin mit Rollkragen von Equipment und ausgestellter Jeans wie auf einem Bild der 1970er Jahre aussieht. Ein schwarzer Wickelmantel gefällt ihr dagegen als Kontrast zu sportlichen Looks. Den Doppelreiher in French Navy nennt sie ihren „Bewerbungsmantel". „CEO-Mantel" passt noch besser. Dazu ein smarter Blazer von Max Mara und man wird zum Boss.

Die Abwechslung macht ihr schon deswegen Spaß, weil sie für mindestens einen Monat im Winter sehr festgelegt ist. Wenn Sandra zu den Schauen nach New York, London, Mailand und Paris fliegt, um Streetstyles zu fotografieren, trägt sie meistens eine Daunenjacke. Die schützt gegen die Kälte und behindert nicht beim Laufen, denn in der Konkurrenz um die besten Bilder von der Straße „muss man rennen, um gute Motive zu bekommen". Von Sandras Fotos, die sie unter anderem für die *Vogue Paris* schießt, bleiben selten die durchgeknallten Fashion-Show-Outfits in Erinnerung, sondern die besonderen Basics – wie ein umgedreht getragenes Herrenhemd, ein dicker Rollkragenpullover mit bis zum Kinn hochgeschlagenem Kragen oder eine weite Jeans, die oben von einer Kordel gehalten wird. Auf dem „Looks zum Ausprobieren"-Board auf Pinterest landen auch die guten Mäntel.

Gut bedeutet nicht automatisch teuer. Bei & Other Stories, Weekday und Cos gibt es oft Mäntel, von denen keiner glaubt, dass sie „nur" von & Other Stories, Weekday und Cos sind. Allerdings wird man es auch nicht bereuen, für hochwertiges Material mehr auszugeben. Es muss schließlich nicht bloß einen Winter mitmachen. Bei den Farben halten Schwarz, Dunkelblau oder Camel zwar viel aus, man hat aber genauso viel von einer untypischen Winterfarbe. Sandra wird jedenfalls ständig auf ihren puderfarbenen Mantel angesprochen.

SANDRA EMPFIEHLT weiche Merino-Unterkleidung. Die packt sie für ihre Street-Style-Expeditionen, schützt aber auch in jeder anderen Situation vor Kälte. Herzerwärmend schöne Wäsche und Leggings gibt es von Zimmerli *(zimmerli.com)*.

Vier gewinnen: Sandras Lieblingsmäntel von Stella McCartney (einmal in Blau und einmal flauschig), Carven (puderfarben) und Alberta Ferretti (schwarz).

Die Daunenjacke

ODER DIE FRAGE, WIE SICH KOMFORT UND STIL VEREINBAREN LASSEN

Die Dänen, hört man immer wieder, gehören zu den glücklichsten Menschen auf Erden. Sicher liegt das am ausgezeichneten sozialen System, an der ausgeglichenen Work-Life-Balance und am ökonomischen Wohlstand. Ich bin überzeugt, dass dieses Glück noch eine ganz andere Ursache hat. Die Dänen haben herausgefunden, wie man sich im Winter schön anzieht.

In Berlin kenne ich dagegen nur Leute, die der Winter unglücklich macht und die auch so aussehen. Selbst ich als Halbdänin bin nur halb glücklich. Meine eigene Laune bewölkt sich ab Anfang November wie der Himmel über der Stadt, und ich gebe schnell auf, mich gegen das Grau anzuziehen. Meine wärmste Jacke ist ein Daunenungeheuer, das so gut gegen Kälte isoliert wie ein Thermoschlafsack und genauso unförmig ist. Aber wen will ich im Winter schon beeindrucken? Die anderen in Daunenungeheuer gekleideten Berliner? Mein Motto: Parka, Schal, is' mir egal.

So habe ich es gehalten, bis ich das erste Mal zu einer Fashion Week nach Kopenhagen flog. Modewochen sind Ausnahmesituationen, bei denen sich die Eingeladenen, aber besonders alle nicht Eingeladenen, aufführen wie Stars in der Manege. In Kopenhagen sah ich dagegen keine Frau, die wegen ihrer Stöckelschuhe von Türstehern über Schneematsch getragen werden musste, wie es in New York vorkommt. Nur lauter zweckmäßig, aber beneidenswert gut gekleidete Frauen. Und zwar überall in der Stadt.

Ich begann sofort, mir Notizen zu machen:

1. Daunen – ja, aber eng anliegend und in eigentlich unmöglichen Farben wie Senfgelb (Randnotiz: Auf der Stelle den nächsten Acne-Laden ausfindig machen!).

2. Wichtigstes Kleidungsstück ist ein origineller Mantel. Originell dreimal unterstrichen. Das kann ein zotteliger Kunstpelz sein, ein Peacoat mit Shearling-Besatz, ebenso wie ein XL-Doppelreiher in Zuckerwatte-Rosa mit Goldknöpfen. Dazu auf ungeschminkt schminken. Merke: Die Dänin gefällt sich besser interessant als hübsch.

3. Accessoires!!! Der dicke Schal ist aus Cashmere, die festen Stiefel haben einen auffälligen Blockabsatz, die Handschuhe tragen Knallfarbe.

4. Lieblingsidee: Die kleine Schultertasche für den Abend tagsüber nehmen. Die Hände trägt man sowieso in den Manteltaschen.

Nicht auszuschließen, dass die Art der Däninnen – und aller übrigen Skandinavierinnen –, sich anzuziehen, ganz einfach geografisch begründet ist. Da die Sommer in diesen Breitengraden so kurz sind, wird man im Winter einfallsreicher. Kommt hinzu, dass sich der dänische Sinn für *hygge*, für Gemütlichkeit, auf das Stilempfinden überträgt. Turnschuhe, Jogginghosen und Daunenjacke wurden zuerst hier zum modischen Statement.

Wenn ich meine dänischen Freundinnen frage, ob sie dem zustimmen, gucken sie auf ihre Turnschuhe und erzählen etwas darüber, dass sie bei Outfits zuerst daran denken, ob sie damit Fahrrad fahren können. Aber hat ihr Stil auch etwas mit der Gleichberechtigung zu tun? Oder damit, dass sich das Zusammenspiel von Form und Funktion, das man aus dem dänischen Möbeldesign kennt, auf die Mode übertragen hat? Damit, dass sie sehr viel Zeit an der frischen Luft verbringen? Oder alles auf einmal?

Mag sein, sagen sie dann auf ihre unhysterisch dänische Art. Sie nennen Marken wie Saks Potts, Freya Dalsjø und Stine Goya, die sehr feminin sind, ohne ausgesprochen mädchenhaft zu sein. Sie denken beim Anziehen eher an Unisex als an sexy. Und finden darüber hinaus, dass man sich zu jeder Jahreszeit so anziehen sollte, dass man sich gefällt.

Ist das schon das Geheimnis? Um das weiter zu beobachten, werde ich in Zukunft öfter nach Kopenhagen fliegen müssen.

Die 5-Minuten-Lösung

Gerade im Winter will man morgens so lange wie möglich liegen bleiben. Die Zeit, in der man sich zwischen den Daunen verkriecht, holt man mit einem Lagen-Look schnell wieder rein. Denn der sieht zwar aus, als sei er mit Bedacht zusammengestellt, ist aber so unkompliziert, dass man ihn auch im Halbschlaf meistert. Das Einzige, woran man denken muss: immer eine dünne Kleider- schicht mit einer dicken so abwechseln, dass die einzelnen Lagen sichtbar sind, also zum Beispiel den Kragen einer Seidenbluse unter einem Wollpullover herzeigen und darüber einen Mantel locker gürten. An besonders kalten Tagen addiert man eine dünne Daunenjacke zum Mantel. Das Ergebnis sieht virtuos aus und ist dabei so mollig, als läge man noch immer unter der Bettdecke.

DARAUF SPAREN

Nicht verblüffend, dass ein Mantel aus Double Cashmere von Joseph doppelt begehrenswert ist *(joseph-fashion.com,* hier das Modell *Oslo).*

SOFORT KAUFEN

Verblüffend, wie die Marke das schafft, aber Cos bringt jeden Winter verlässlich drei Mäntel in die Läden, die man auf der Stelle haben möchte *(cosstores.com).*

DER LETZTE SCHLIFF

Ein Hut ist weniger ein Kleidungsstück als eine Haltung. Man könnte ja stattdessen auch eine Strickmütze aufsetzen, die wärmt genauso gut, wenn nicht sogar besser. Einen *Hut* trägt man dagegen nicht, weil er einen Zweck erfüllt, sondern weil er Klasse hat. Er bietet Deckung vorm Wetter, aber vor allem stärkt er gegen den täglichen Trott. Erstens, weil es keine Situation gibt, die mit einem Hut nicht besser aussieht. Zweitens, weil man auf einen Hut ständig angesprochen wird. Der Filzhut, den Charlotte hier trägt, ist ein Fundstück aus dem Goorin Bros Hat Shop im New Yorker West Village und trägt den fabelhaften Namen *Cowboy Jake.* Mit dem kann man an einem ganz gewöhnlichen Morgen an der Bushaltestelle stehen, und man wird sich trotzdem fühlen, als habe man ein Abenteuer vor.

DARAUF SPAREN
Die Krönung: Maison
Michel *(michel-paris.com).*

SOFORT KAUFEN
Hut ab vor Janessa Leone
(janessaleone.com),
Rag & Bone *(rag-bone.com)*
und den oben genannten
Goorin Bros *(store.goorin.com).*

GUT ZU WISSEN
Stilvorbilder, die stets gut behütet sind: Schauspielerin Faye Dunaway, Model Miranda Kerr, Bloggerin Mija Flatau und *Vogue*-Redakteurin Chiara Totire. Und ein Mann: der makellos zurechtgemachte Streetstyle-Fotograf Karl-Edwin Guerre.

Die Extras

1

Cardigan | Den Cardigan sollte man im Winter entgegennehmen wie eine Umarmung. Mehr davon hat man, wenn die Strickjacke aus Mohair und knielang ist – die moderne Ablösung für den Opa-Cardigan. Im Frühling und Herbst kann man das wohlige Gefühl verlängern, indem man die Jacke über ein *slip dress* oder zu Jeans und Seidenleibchen trägt. Dieser ist von By Malene Birger *(bymalene-birger.com),* auch schauen bei Lala Berlin, Iris von Arnim oder Acne.

2

3

Handcreme | Draufsteht, was drinsteckt: Die Handcreme von Aesop namens *Resurrection,* Wiederauferstehung, belebt trockene Haut *(aesop.com).* Der Duft von Mandarine und Zeder ist so köstlich winterlich, dass man die Creme glatt essen könnte.

Schals | Liebes Team von Filippa & Florentine *(filippaflorentine.com),* hier eine Geschäftsidee für lau: Eure wunderbaren Cashmereschals solltet ihr in Zukunft auch in Deckengröße anfertigen lassen. Man möchte sich nämlich am liebsten drunterlegen. Gern geschehen.

Longsleeve | Dieses eng anliegende Longsleeve ist im Winter: A. Praktisch beim Layering. B. Praktisch als Ersatz von Blusen zu Röcken. C. Praktisch, weil man nicht mehr die langärmeligen Shirts vom Mann klauen muss. Oder D. Alles. Wer sich für Antwort D entschieden hat, findet solche Shirts beispielsweise bei Mads Nørgaard *(madsnorgaard.dk)* oder, hier zu sehen, Uniqlo *(uniqlo.com)*.

Socken | Socken sind die Umsatzsteuervoranmeldung der Garderobe. Man erneuert sie alle drei Monate und versucht ansonsten nicht über sie nachzudenken. Sie können aber auch so vergnüglich sein wie diese bunten Modelle von Stance *(stance.com)*. Die halten nebenbei so warm, dass man seine normalerweise winteruntauglichen Loafer gleich noch ein paar Monate länger tragen kann.

Mütze | Nur, weil jeder etwas trägt, muss es nicht bei jedem gleich aussehen. Beispiel: Die Wollmütze, die im Winter zwar überall ist, aber eine gute Gelegenheit bietet, sein Outfit zu individualisieren, beispielsweise durch eine unwinterliche Farbe oder ein kontrastreiches Material. Hier von Filippa K *(filippa-k.com)*.

ALLES AUSSER

—

Es gibt Augenblicke, da steht man vor dem vollen Kleiderschrank und hat wirklich nichts zum Anziehen. Wie
schön! Dieses Kapitel handelt von den außergewöhn-
lichen Anlässen im Leben. Schauspielerin Hannah
Herzsprung und ihre Stylistin Leena Zimmermann
teilen ihre Tricks, wie man für die Fotografen perfekt
dasteht. Die Mamas Ariane Stippa (Visagistin, Beauty-
bloggerin), Malin Elmlid (Gründerin von The Bread
Exchange) und Stefanie Luxat (Autorin) wissen, wo es
Mode für Schwangere gibt, die umstandslos gut aussieht. Und das Design-Duo Ambacher Vidic zeigt Kleider,
in denen man „Ja" zum „für immer" sagen möchte.

Auf den großen Moment. In Tweed zur Bambi-Verleihung. Nur knielang zum Filmball. Und im Zweifel lieber das Kleid in Orange als in Schwarz. **Hannah Herzsprung** *wagt was und gehört zu den bestgekleideten Frauen auf dem roten Teppich. Gemeinsam mit ihrer Stylistin* **Leena Zimmermann** *spricht sie über Selbstinszenierung, Kleider, die für Gesprächsstoff sorgen, und wie man zur Stylistin für den eigenen Kleiderschrank wird.*

Hannah Herzsprung hat sich mit ihrer ersten Kinohauptrolle sofort ins Bewusstsein gespielt. Dort ist sie geblieben, seit sie vor zehn Jahren eine Mörderin in *Vier Minuten* verkörpert hat. Was alle ihre Rollen gemeinsam haben: Immer ist da eine große Intensität, aber eine, die niemals unnahbar ist – ob sie nun Kaiserin Sissi *(Ludwig II.)* oder RAF-Terroristin Susanne Albrecht *(Der Baader-Meinhof-Komplex)* spielt, in romantischen Komödien *(Traumfrauen)* oder Historiendramen *(Die geliebten Schwestern)* auftritt. Eine Präsenz hat sie auch, wenn sie nicht auf der Leinwand zu sehen ist, sondern auf der Premiere. Was sie trägt, hat Format, überrascht und sieht immer, wirklich immer, gut aus. Eine, die man sonst nicht sieht, aber dennoch präsent ist, ist ihre Stylistin und gute Freundin Leena Zimmermann.

Ihr arbeitet seit 2009 zusammen. Damals war Styling für den roten Teppich hierzulande ein Fremdwort. Wie kam es dazu?

Hannah Herzsprung: Nach meinen ersten Filmen stand ich auf einmal in der Öffentlichkeit. Plötzlich war ich auf zig Terminen, und überall waren Fotografen. Damals hat mich Strenesse ausgestattet, und es hat mir Sicherheit gegeben, dass ich mir wenigstens über mein Outfit keine Gedanken machen musste. Wenn man nicht zufällig eine Marke an seiner Seite hat, ist es ein Riesenaufwand, Kleider zu besorgen. Dann hat eine Kollegin mir von ihrer Freundin Leena erzählt, einer Stylistin.

Leena Zimmermann: Was Hannah nicht wusste: Ich hatte zur gleichen Zeit überlegt, dass ich neben Magazinen gerne mit Schauspielerinnen arbeiten würde. Ich war mir nicht sicher, wie ich das anstellen soll, denn man ruft ja keinen an und sagt: „Hallo, brauchst du zufällig eine Stylistin?" Zum Glück rief Hannah mich an.

Wie ging es dann weiter?

LZ: Wir haben uns Hannahs Kleiderschrank angeschaut und überlegt, was sie daraus spontan zu einem Event anziehen würde. So hatten wir eine Vorstellung davon, wie sie sich sieht und wie ich sie sehe.

Ich stelle es mir schwierig vor, wenn jemand, den man nicht gut kennt, die Garderobe inspiziert.

HH: Leena sah bei unserem ersten Treffen so cool aus, dass ich ihr gleich vertraut habe.

LZ: Mein Ansatz ist nicht, zu sagen: So, ich erklär dir jetzt mal, was guter Stil ist. Das muss ich bei Hannah sowieso nicht. Mein Job ist zu vermitteln, wie viel man mit Mode machen kann.

HH: Leena hat einen tollen persönlichen Geschmack, aber sie versucht nie, ihn auf mich zu übertragen. Außerdem tastet sie sich mit einer unglaublichen Feinfühligkeit heran. Am Anfang habe ich sie ständig angerufen: „Bist du dir sicher? Kann ich das so anziehen?"

Leena, was war das erste Kleid, von dem du Hannah überzeugen konntest?

LZ: Ein orangefarbenes Kleid aus Samt von Jil Sander, das vorne eine Art Origami-Faltung hatte. Schlicht, aber mit einem coolen Twist, so wie ich Hannahs persönlichen Stil gesehen habe. Am Abend vor dem Event rief sie an: „Leena, das Kleid ist super. Aber die Farbe!" Ich habe ihr gesagt, dass sie es auf mich schieben darf, wenn es nicht funktioniert.

HH: Das ist die Kurzfassung. In Wahrheit hat sie mir eine halbe Stunde ganz geduldig zugeredet.

Die Bandbreite der Looks, die man in Deutschland auf dem roten Teppich sieht, geht vom Hosenanzug bis zur klassischen Robe. Hattet ihr euch vorgenommen, modisch mehr zu wagen?

LZ: So weit habe ich gar nicht gedacht. Auf dem roten Teppich will ich keine Modestrecke inszenieren, ich will, dass die Frau toll aussieht. Inzwischen sieht man mehr Outfits, hinter denen Stylisten stecken, was ich großartig finde. Als ich anfing, gab es noch öfter den „Elegante Abendmode"-Look – Taftkleider, gerne in Braun, dazu Korkenzieherlocken.

HH: Du weißt, dass ich solche Locken auf meinem offiziellen Porträt als Berlinale-Shooting-Star trage, oder?

LZ: Es gibt eine sehr deutsche Zurückhaltung bei Events. Viele denken, wenn sie im Film keine Hauptrolle spielen, wollen sie sich nicht in den Vordergrund drängen und kommen in Jeans und T-Shirt. Aber das Feinmachen hat gar nichts mit Wichtigtuerei zu tun.

Besondere Kleider verlangen außergewöhnliche Schuhe: eine Auswahl an High Heels für Hannah von Jimmy Choo und Miu Miu.

WAS MAN VON HANNAH UND LEENA LERNEN KANN

Eine vertraute Person mit ehrlichem Blick um Outfit-Rat fragen, also nicht ausgerechnet den Partner, der eh alles schön findet, solange es ein kleines Schwarzes ist.

Das Ritual der Anprobe kann man mindestens so feierlich zelebrieren wie die Party selbst und sollte das Anziehen deshalb nicht auf die letzte Minute vor dem Losfahren schieben.

Im Komplett-Look denken, also nicht nur ans Kleid, sondern an die Accessoires, das Make-up und die Frisur. Die Details machen den Unterschied.

In hochwertige Basics investieren, die man nach dem Event auch im Alltag tragen kann, wie den Jerome-Pullover aus Wollgeorgette von Perret Schaad, ein Lieblingsstück von Leena und Hannah (im Bild).

Den Alltag zum Event machen. Was war noch mal der Grund, warum man sich nicht auch zu einem Abendessen mit Freundinnen feinmachen sollte? Genau. Es gibt keinen.

Es geht darum, den Moment zu würdigen. Die Amerikaner haben da eine andere Professionalität.

„Best Dressed/Worst Dressed"-Listen – spielen die eine Rolle?

HH: Klar ist es schön, wenn Leenas Arbeit gut ankommt. Für unsere Entscheidung macht das aber keinen Unterschied.

LZ: Entscheidend ist, dass Hannah sich nicht verkleidet fühlt. Auch wenn die Presse lieber Prinzessinnenkleider sieht und manches als zu avantgardistisch empfinden.

Hannah, du hast die letzten Jahre viel Zeit in New York verbracht, Leena ist in Berlin. Wie tauscht ihr euch aus?

HH: FaceTime.

LZ: Da ist es schon passiert, dass sie mich aus dem Showroom von Chanel anrief, mit einem unglaublichen Blick auf die Wolkenkratzer, während ich auf der Alten Schönhauser Straße stand und ...

HH: ... dann der Akku leer war.

LZ: Es klappt über die Distanz, weil wir uns vertrauen und kennen.

In einer neuen Stadt hat man Lust, seinen Stil zu verändern. Hannah, ging es dir in New York auch so?

HH: Man ist zwar in Berlin sehr frei, aber durch die Anonymität, die in New York herrscht, habe ich mich mehr getraut. Die New Yorkerinnen werden gerne gesehen, das steckt an.

Wie hat sich die Zusammenarbeit mit Leena auf deine Garderobe ausgewirkt?

HH: Ich gucke mir einfach ganz viel bei ihr ab.

Leena, wie wird man zur Stylistin des eigenen Kleiderschranks?

LZ: Jede soll es so machen, wie sie es am besten findet. Falls ich etwas raten kann: Nicht hinterfragen, anziehen. Oft fehlt zu einem Outfit nur ein wenig Mut. Sobald man es trägt, ist es nicht mehr ungewohnt, und man wird sich daran erfreuen. Mode ist einfach etwas so Schönes.

HH: Das habe ich mir auch abgeschaut: ihren unglaublichen Enthusiasmus.

LZ: Sein eigenes Geld für ein tolles Teil auszugeben ist die größte Genugtuung. Ich finde, in jedem Kleiderschrank sollten Stücke hängen, in denen man

sich sicher und selbstbewusst und einfach gut fühlt. Ein Styling-Trick, den ich inzwischen selbst anwende: Wenn man sich bei Schnitt und Farbe unsicher ist, ein Selfie im Outfit machen.

Weil Fotos ehrlicher sind als der eigene Blick?

LZ: Genau. Hannah und ich machen bei jeder Anprobe Fotos, da fallen schnell die Tücken auf. Eine Marlenehose ist toll, sieht auf Bildern aber breit aus, besonders wenn man die Hand in die Tasche steckt. Wir berücksichtigen bei jedem Outfit, was die beste Pose dafür ist.

Gab es, mal abgesehen von einer missglückten Pose, schon andere Unglücke?

HH: Mir ist letztes Jahr eine Hose von Chanel gerissen, glücklicherweise noch im Hotelzimmer. Die gehörte zu einem marokkanischen Look mit Kleid, ich konnte also zumindest das Kleid tragen. Aber wenn Chanel reißt, bleibt einem das Herz stehen.

LZ: Es ist auch schon passiert, dass Hannah ein wunderschönes Kleid anhatte und nach drei Stunden Preisverleihung darin aufstand, um auf die Bühne zu gehen – und es war total zerknittert. Was sich mein armer Mann schon anhören musste, wenn er neben mir vor dem Fernseher sitzt ...

Was ist euer Lieblings-Look der letzten sieben Jahre?

LZ: Das pinke Kleid von Dior, das du auf dem Filmfest in Toronto anhattest.

HH: Jil Sander vom Bayerischen Filmpreis in diesem unglaublichen Türkis.

LZ: Das Ellery-Kleid vom Bambi.

HH: Als ich das an der Stange gesehen habe, habe ich gedacht: Tweed, meinst du wirklich? Es ist Leenas Talent, etwas zu sehen, das ich mir selbst nicht sofort vorstellen kann.

LZ: Als ich das Foto von dir auf Facebook gepostet habe, hat selbst meine Schwiegermutter kommentiert: „Es sieht einfach umwerfend aus!"

HH: Toll war auch das weiße Kleid mit den Cut-outs und dem schwarzen Bandeau-Top darunter, wieder von Jil Sander.

LZ: Das Burberry-Kleid mit dem Herz!

HH: Und dann erst die Kleider, die ich nie tragen konnte, weil es keinen Anlass gab ...

Beim Styling vertrauen Leena und Hannah auf Labels wie Jil Sander, Burberry, Dries van Noten oder auch Perret Schaad (Pullover oben links), einer Lieblingsmarke der beiden.

Auf neun Monate. Genau genommen sind es sogar zehn Monate. Ein Grund mehr, sich die Schwangerschaft schön zu machen. Beauty-Bloggerin Ariane Stippa, Autorin Stefanie Luxat *und* Malin Elmlid *von The Bread Exchange verraten, wo man Mode findet, die keine Umstände bereitet.*

Man muss als Schwangere nicht mal fragen und wird trotzdem hundert gute Tipps bekommen. Welche Lebensmittel man auf keinen Fall essen sollte. Welche Lebensmittel man auf jeden Fall essen sollte. Wie absolut wundervoll Prenatal-Yoga ist. Wie absolut wundervoll Prenatal-Pilates ist. Welches Öl wirklich gegen Dehnungsstreifen hilft. Welche Kosmetikprodukte man nicht mehr verwenden darf. Wo man sein Kind am besten auf die Welt bringt. Wie man seinem Kind ab der ersten Woche einen regelmäßigen Schlafrhythmus beibringt. Was man als Paar gemacht haben sollte, bevor das Kind kommt, ja, DAS auch, aber vor allem noch mal ins Restaurant, ins Kino, ins Konzert gehen. Die Liste ist so endlos wie überfordernd. Was einem dagegen keiner verrät, ist, wo es schöne Umstandsmode gibt.

Das liegt unter Umständen daran, dass Mode für Schwangere oft aussieht, als habe die Frau mit dem nahenden Zuwachs ihren Geschmack verloren. Anders sind die vielen Rüschen, all das Rosa und die witzigen Motto-T-Shirts (*„Does my bump look big in this?"*) nicht zu erklären. Der erste Tipp: Boutiquen mit „Mama" im Namen vermeiden. Wo man stattdessen Kleidung findet, die man auch nicht schwanger tragen würde, wissen Ariane, Stefanie und Malin. Und ich. Diese Tipps hätte ich vor meiner eigenen Schwangerschaft gerne bekommen.

1. Man kann Umstandsmode komplett vermeiden, bei Jeans darf man nachgeben. Buchstäblich, denn irgendwann lässt sich der Bund der Lieblingsjeans nicht mehr mit einem Zopfgummi zusammenhalten. Malin hat ihre bei H&M *(hm.com)* gefunden, Stefanie trug die *Avedon* von Citizens of Humanity *(citizensofhumanity.com)*.

Ariane empfiehlt die Maternity-Modelle von J Brand *(jbrandjeans.com)*. Beim Design gibt es die Variante mit seitlich eingesetztem Gummiband oder mit bauchbedeckendem Bund. Ich mochte Jeans lieber, bei denen man ein T-Shirt in den Bund stecken konnte, ist aber Geschmacksache. Von Marken wie Dl1961 *(dl1961. com)*, Paige Denim *(paige.com)* und auch J Brand gibt es beide Versionen. Ebenfalls Typfrage: die Latzhose. Falls man der Typ dafür ist: Paige Denim, Asos Maternity *(asos.com)* und, an Ariane auf der nächsten Seite mit einem Pullover von Tommy Hilfiger Denim zu sehen, Topshop Maternity *(topshop.com)*.

2. Der Körper verändert sich bei jeder Frau in der Schwangerschaft anders. Einige können bis zur Geburt ihre regulären Boyfriend- (oder Girlfriend-)Jeans tragen. Bei mir wurden sie ab Monat sechs zur Skinny und passten danach gar nicht mehr. In jedem Fall fühlt sich Denim am besten an, das jerseyweich ist, wie von Gap *(gap.eu)*, Mother *(motherdenim.com)*, Current/Elliott *(currentelliott.com)* oder Frame Denim *(frame-store.com*, Ariane trägt hier ein Modell in Schwarz).

3. Noch mal zu den T-Shirts. Der nachhaltige Trend zu entspannten Schnitten und anschmiegsamen Materialien kommt dem wachsenden Bauch sehr entgegen. Mit offenen Armen die *Relaxed-linen-* und *Vintagecotton*-T-Shirts von J.Crew *(jcrew.com)* empfangen, ebenso wie die Baumwollmischungen von Splendid *(splendid.com)* und alle Shirts von Bassike (in Deutschland beispielsweise über *farfetch.com)*.

4. So sehr einen das Baby, das da in einem wächst, mit Stolz erfüllt, den Bauch will man nicht immer herzeigen. Malin liebte eng anliegende Kleider – an anderen Schwangeren. Für sich selbst fand sie mehr

Das Gleiche, nur größer: Ariane ist ihrem Stil in der Schwangerschaft treu geblieben und trägt hier einen Wollpullover von Zara und Jeans von Frame Denim zur Bikerjacke von Blk Dnm und Handtasche von Saint Laurent.

TOP-5-MARKEN FÜR UMSTANDSMODE

1

Hatch Collection. Designerpreise, dafür auch Designerware. Bester Kauf: das *Isabel*-Kleid. Nein, das *Morgan*-Kleid. Nein, das *Luella*-Kleid. Ach, am liebsten einfach alle *(hatchcollection.com)*.

2

J. Crew Maternity. Jeans, die man immer weitertragen könnte. Bester Kauf: *Toothpick Jean (jcrew.com)*.

3

Asos Maternity. Eine überraschend große Auswahl, die von morgens bis abends reicht. Bester Kauf: Loungewear.

4

Topshop Maternity. Basics, die mit der gleichen Trendaffinität entworfen sind wie der Rest der Kollektion. Bester Kauf: ein Badeanzug.

5

Storq. Gerade mal vier Teile umfasst die Kollektion, dafür gibt es beinahe unendliche Möglichkeiten, sie zu tragen. Bester Kauf: das *Storq Bundle (storq.com)*.

Gefallen daran, zum Beispiel ihre Knöchel unter einer aufgerollten Chino herzuzeigen oder weite Hemden zu tragen, aber aus einem semi-transparenten Stoff.

5. Ich bin ganz einer Meinung mit Malin: Körpernahe Kleider sehen wundervoll aus. Ein leichter Baumwollstoff sitzt eng, trägt sich aber entspannt. Stefanies größtes Investment in Schwangerschaftskleidung war ein gestreiftes Kleid von Hatch Collection (einer Ausnahmemarke für Umstandsmode, mehr dazu im Kasten links), das sie so oft wie kein anderes Teil getragen hat. Ariane hat dagegen ein Streifenkleid bei Cos (cosstores.com) gefunden und in einer Nummer größer als gewöhnlich gekauft.

6. Noch ein gutes Investment: Kleider mit Drapierungen, die geräumig sind (Bauch kann gemütlich größer werden), ohne Zelte zu sein (erspart ungemütliche Kommentare wie: „Man sieht ja gar nicht, dass du schwanger bist"). Zum Beispiel von All Saints (allsaints.com), By Malene Birger (bymalenebirger.com) oder auch von Joseph (joseph-fashion.com).

7. Oder doch mal eine ganz andere Stilrichtung ausprobieren? Spielerisch romantisch sind Kleider von Ulla Johnson (ullajohnson.com), Dôen (shopdoen.com) und Isabel Marant Étoile (isabelmarant.com), die im Sommer ein Segen sind und die man auch später noch am Strand tragen möchte.

8. In der Männerabteilung lässt es sich auch hervorragend einkaufen. Pullover, T-Shirts, Hemden und sogar Hosen haben plötzlich die passende, großzügige Form. Malin hat zum Beispiel besonders gerne die LVC 1920's Male Chino von Levi's getragen (levi.com).

9. Es lohnt sich, Bekanntschaft mit dem Tunnelzug zu machen. Eine schwarze, gerade geschnittene Hose von Zara, die ich unterm Bauch zubinden konnte, wurde in der Schwangerschaft zu meinem besten Freund, und ich bin ihr noch immer sehr verbunden. Ähnliches findet man in den sportlichen Linien großer Marken wie Mango (mango.com), Weekday (weekday.com) oder eben Zara (zara.com) und auch bei Bassike. Für smartere Hosen empfiehlt Ariane Topshop Maternity (Kasten links).

10. Praktisch: Tops und Kleider zum Knöpfen, für die man auch in der Stillzeit dankbar sein wird. Angenehm ist ein weicher Stoff wie Chambray (gibt es verlässlich bei jcrew.com), elegant ist ein Smoking-Hemd wie das weiße, das Stefanie trägt (cosstores.com).

11. Die Turnschuhe, Birkenstocks und Espadrilles, die jetzt am bequemsten sind, hat man sicher eh schon. Hohe Schuhe – wer sind wir denn? Kim Kardashian? – zugunsten von Flats verstauen. Sexappeal haben Slides, die es zum Beispiel bei Emerson Fry (emersonfry.com), Jenni Kayne (jennikayne.com) und in der Studio-Kollektion von H&M gibt.

12. Auch Jacken muss man sich nicht neu kaufen, sondern kann sich darüber freuen, dass man Bomberjacken (siehe Seite 53) und Bikerjacken (siehe Seite 71), die offen am besten aussehen, eh nicht mehr schließen kann. Ich hab am liebsten einen fließenden Trenchcoat getragen (Seite 32). Malin hat sich für den Winter Ponchos und Cashmere-Überwürfe zugelegt, die sie wie Capes tragen konnte.

Bevor das Kind kommt, macht man sich viele Gedanken. Kein Kopfzerbrechen hat Malin, Ariane und Stefanie ihre entspannte Garderobe bereitet.

Auf ewig.
Das perfekte Hochzeitskleid
soll einzigartig sein und so
schmeichelhaft, dass man sich nie
besser fühlen wird. Bestenfalls
sollte es kein Vermögen kosten und
trotzdem unbezahlbar schön sein.
Anders gesagt: Es ist unglaublich
schwer zu finden. Das muss es
aber nicht sein. Das Designer-
Duo **Ambacher Vidic** *fertigt*
Brautkleider nach Maß und weiß,
wie jede Frau ihr Kleid findet.

Man kennt die großen Läden für Brautmode, in denen tausende Kleider eng gepackt an Kleiderstangen hängen. Ihr dagegen habt ein gemütliches Atelier in Hamburg-St. Pauli. Wie kamt ihr auf die Idee, dass auf dem Hochzeitsmarkt etwas fehlt?

Jochen Ambacher: Durch Zufall. Als wir noch Designer bei Sibilla Pavenstedt waren, wurden wir immer wieder von Freunden gebeten, deren Hochzeitskleider zu nähen. Dann kamen Bekannte von Bekannten dazu. Schließlich Frauen, die in den Moderedaktionen von Magazinen arbeiteten. Da haben wir uns gedacht: Wenn selbst die nichts finden, gibt es vielleicht Bedarf für moderne Brautkleider. Neben Kaviar Gauche, die wirklich schöne Sachen machen, gab es nur die Fachgeschäfte mit den üblichen Baiser-Kleidern. Wir haben es dann gewagt und 2011 die erste Kollektion gemacht. Die Ready-to-wear-Linie gibt es inzwischen in ausgewählten Shops. Hier in Hamburg bieten wir die Maßanfertigung an.

Was erwartet einen, wenn man sich für die Maßanfertigung entscheidet?

JA: Die Kundin kommt erst mal zu einem Beratungstermin zu uns ins Atelier und schaut sich die Kleider an, die wir schon da haben. Das machen wir gerne entspannt am Abend.

Eleni Vidic: Das ist eine ganz lockere Anprobe. Sie startet mit einem Kleid, das ihr gefällt, und dann merkt man schnell, was ihr steht. Viele denken, man kann einer Frau ansehen, welches das richtige Hochzeitskleid für sie ist, aber mit Sicherheit kann man es erst sagen, wenn sie das erste Modell anhat: Sie braucht eine Betonung in der Taille, ein Bustierkleid sieht am besten aus, wir sollten etwas mit langem Arm machen. So tasten wir uns langsam heran.

JA: Wenn sie sich für uns entschieden hat, gibt es drei weitere Treffen.

Wie viel Zeit sollte man vom ersten Treffen bis zum fertigen Kleid einplanen?

EV: Damit es entspannt bleibt: drei Monate.

JA: Wir wollen, dass der Besuch bei uns nicht ein weiterer Punkt auf der To-do-Liste ist, der Stress bereitet. Die Kundin soll eine schöne Zeit bei uns haben. Allerdings haben wir auch schon drei Tage vor der Hochzeit einen Auftrag angenommen. Es war eine schwangere Kundin, die mit ihrem Kleid sehr unzufrieden war und beschlossen hatte, dass sie stattdessen ein Kleid von uns braucht.

Wie verhindert man als Braut Kompromisse beim Kleid, die man ansonsten drei Tage vorm Hochzeitstermin ausbügeln muss?

JA: Wichtig ist, dass man nicht hundert Kleider anprobiert, sondern sich genau überlegt, zu welchem Designer man gehen möchte oder in welche Läden, sonst gerät man schnell durcheinander und das Kleid verliert den Zauber.

EV: Für die Frau ist es das erste Mal, dass sie ein so präsentes Kleid trägt und der Fokus komplett auf ihr liegt. Meist ist es ja das, was man nach einer Hochzeit sofort gefragt wird: „Wie sah die Braut aus?"

JA: Verständlicherweise tun sich viele nicht leicht damit zu entscheiden, wie sie aussehen wollen und wer sie eigentlich sind. Der kühle Typ? Der romantische Typ? Es hilft, mit einzubeziehen, wie die Hochzeit geplant ist. Heiratet man auf einer Dachterrasse in der Stadt? Oder auf dem Land in einer Scheune?

Wie ratsam ist es, die eigenen Freundinnen zur Anprobe mitzubringen?

EV: Freundinnen übertragen oft ihren eigenen Geschmack auf die Braut. Das kann verunsichern.

JA: Auch Mütter sehen die Kleider oft aus einem anderen Blickwinkel und sind teilweise extrem kritisch. Wir haben es schon erlebt, dass die Baut total glücklich in ihrem fast fertigen Kleid dastand und die Mutter sagte: „Na, drei Kilo musst du bis zur nächsten Woche schon noch abnehmen."

EV: Es gibt natürlich auch sehr angenehme und nette Freundinnen und Mütter, aber die schönste Atmosphäre entsteht, wenn die Braut erst mal allein zur Beratung kommt.

JA: Wir sind sehr einfühlsam. Aber wir sind auch ehrlich, damit die Kundin merkt: „Okay, die beiden finden nicht alles super an mir, nur weil sie es entworfen haben, ich kann ihnen vertrauen." Manchmal entscheiden bei den Proportionen Millimeter, ob der Oberkörper zu kurz aussieht oder die Hüfte breiter wirkt. Das sehen wir als Designer, und das unterscheidet uns von Läden, wo die Beratungstermine von Verkäufern gemacht werden.

Verunsicherte Bräute, sich einmischende Freundinnen, angespannte Mütter – wie viel müsst ihr als Designer therapeutisch leisten?

*Ambacher Vidic
verwenden für ihre
Entwürfe bevorzugt
Seide, wie beim Modell
Draped V-Line Dress.*

JA: Wir tragen schon eine große Verantwortung. Uns war am Anfang gar nicht so bewusst, wie emotional diese Arbeit sein würde und wie viel man mitkriegt. Wenn das Kleid fertig ist, wissen wir, wo der Ehemann arbeitet, wie sie sich kennengelernt haben, welche Probleme es gibt. Doch über wie viele Jobs kann man schon sagen, dass man es eigentlich immer mit glücklichen Menschen zu tun hat? Wir dürfen eine Frau zu einem sehr wichtigen Tag in ihrem Leben begleiten.

EV: Wir versuchen trotzdem, uns vom Gefühlsstrudel nicht mitreißen zu lassen und auch eine Distanz zur Hochzeitsbranche zu halten. Es ist gut zu wissen, was auf dem Markt passiert, aber uns ist vor allem auch wichtig, einen modischen Aspekt in die Kollektion einfließen zu lassen.

Wie wichtig sind Trends bei der Entwicklung eurer Kollektion?

JA: Wir informieren uns, was in den großen Modestädten auf den Schauen gezeigt wird, aber die Kleider dürfen nicht zu unkonventionell sein. In der Vergangenheit sind wir auch mal übers Ziel hinausgeschossen und hatten ein cooles Teil, das in der Presse super ankam, aber die Kundinnen fast abgeschreckt hat.

EV: Selbst extrem modische Frauen, die in ihrem Alltag alle Trends mitmachen, heiraten dann doch lieber sehr klassisch im Tüllkleid.

Das passende Hochzeitskleid ist eine Typfrage. Aber gibt es etwas, das jeder Frau steht?

EV: Viele Kundinnen kommen zu uns und sagen gleich: „Ein Korsagenkleid kommt überhaupt nicht infrage!" Und am Ende wird es doch ein Korsagenkleid. Man sollte erst mal nichts auszuschließen. Oft ist es nicht das erste Kleid, das man am Ende aussucht. Das perfekte Kleid entsteht in der Entwicklung.

JA: Generell sollte man darauf achten, dass man sich nicht verkleidet fühlt, das Kleid bequem ist und nicht so lang, dass man ständig den Rockzipfel in der Hand halten muss.

EV: Wir überlegen uns beim Design verschiedene Knöpfungen, damit zum Beispiel die Schleppe beim Tanzen nicht stört. Welches Kleid das richtige ist, ist so individuell wie der Hochzeitstag.

Gibt es dagegen Dinge, von denen ihr abratet?

EV: Diäten. Erfahrungsgemäß nimmt eine Frau vor ihrer Hochzeitsfeier automatisch ab. Außerdem sollte man sich einfach nicht so unter Druck setzen.

JA: Wie gut man in dem Kleid aussieht, hängt nicht von der Figur ab, sondern vom Schnitt. Ob Größe 36 oder 56, bei jeder Frau gibt es Dinge, die man betonen möchte und die man kaschieren will.

EV: Wovon wir optisch tatsächlich abraten, ist eine Stola. Viele denken, ach, wenn mir kalt wird, kann ich einen Pashmina um die Schultern legen. Auf Fotos sieht man dann nichts mehr vom Kleid, sondern nur Fläche. Dann lieber eine coole Jeansjacke von H&M.

Welche Stoffe empfindet ihr als schmeichelhaft?

EV: Wir arbeiten sehr gerne mit Seide, besonders mit Seidentüll. Ein ganz zarter Stoff, mit dem man tolle Drapierungen machen kann.

JA: Im Mix haben auch Poly-Stoffe und Leder einen schönen optischen Effekt. Die Mischungen von Materialien, zum Beispiel ein Rock aus Seidenchiffon zu einem Bustier aus Satin, sieht sofort modern und jung aus. Wir achten auch darauf, dass wir immer mit mehreren Weißtönen arbeiten, damit nicht eine unschmeichelhafte Einheitsfläche entsteht wie etwa bei einem konventionellen Kleid.

Was haltet ihr von Shapewear wie Spanx?

JA: Bei einer Anfertigung wird eine modellierende Korsage direkt mit eingenäht, so dass man sich am Tag der Hochzeit keine Gedanken machen muss, ob etwas nicht sitzt oder rutscht.

EV: Man braucht keine spezielle Unterwäsche, es sei denn, die Frau möchte ein hauchdünnes Seidenkleid.

Seid ihr eigentlich verheiratet?

EV: Ja, ich. Natürlich habe ich in Ambacher Vidic geheiratet. Als Designerin dachte ich, ich muss etwas ganz Opulentes tragen, aber dann wurde es ein Drei-Tages-Kleid, ganz simpel, mit einer Taillenbetonung und Drapierungen am Rock.

JA: Sie war eine sehr entspannte Braut.

Lust bekommen, zu heiraten? Termin vereinbaren über ambachervidic.de.

Neben Kleidern gibt es von Ambacher Vidic auch Accessoires wie den Wendegürtel in Metallicfarben.

HERSTELLER

A

A Bathing Ape
Streetwear aus Japan, die für Comic-Motive und Tarnmuster bekannt ist.
bape.com, erhältlich u.a. über *selfridges.com*
s. Seite 48–50

Ace & Tate
Handgefertigte Korrektur- und Sonnenbrillen aus Amsterdam zum günstigen Festpreis.
aceandtate.de; *s. Seite 116–117*

Acne Studios
Mit Jeans gewann das Label aus Stockholm seine ersten Anhänger. Verehrt werden längst auch die urbanen Prêt-à-porter-Kollektionen.
acnestudios.com; *s. Seite 54*; *s. Seite 106*; *s. Seite 109*;
s. Seite 142–143

Adidas
Die mit den drei Streifen.
adidas.de; *s. Seite 72–73*

Aeyde
Das junge Berliner Label hat sich aus dem Stand als Marke für modebewusste und dabei angenehm tragbare Schuhe etabliert, die überall laufen.
aeyde.com; *s. Seite 71*

Alberta Ferretti
Romantisch, feminin, unverkennbar italienisch.
albertaferretti.com; *s. Seite 142*

Alex Eagle Collection
Von der Herrengarderobe inspirierte Klassiker mit großstädtischer Eleganz.
alexeagle.co.uk; *s. Seite 24*; *s. Seite 26*

All Saints
Nicht nur für besonders anschmiegsame Lederjacken eine gute Adresse, sondern auch für alles andere, das nach „Frontfrau in einer Indieband" aussieht.
allsaints.com; *s. Seite 124*

Ambacher Vidic
Maßgeschneiderte Couture und Ready-to-wear-Mode für die moderne Braut.
ambachervidic.de
s. Seite 166–171

Ancient Greek Sandals
Die geerdeten Sandalen werden traditionell in Griechenland hergestellt und haben internationale Fans wie Naomi Watts, Claire Danes und Elizabeth Olsen.
ancient-greek-sandals.com
s. Seite 114

Antonia Goy
Mode von Antonia Goy steht für einen unangestrengten Luxus, den man ihren besonderen Basics ebenso ansieht wie den kunstvoll drapierten Seidenkleidern.
antoniagoy.com; *s. Seite 102*

A.P.C.
Das Atelier de Production et de Création bildet die Grundlage für die Garderobe jeder typischen Parisienne (und bei allen, die gerne eine wären): zurückhaltende Basics aus hochwertigen Materialien mit lässigem Chic.
apc.fr; *s. Seite 32*

Atlantique Ascoli
Für jeden Wochentag eine andere Bluse – auf dieser Idee gründete die Designerin Atlantique Ascoli ihr gleichnamiges Label. Inzwischen sind zu den cool romantischen Blusen u.a. smarte Röcke und Kleider dazugekommen, die man tatsächlich täglich tragen möchte.
erhältlich über *colette.fr*; *s. Seite 66–67*

Avelon
Designer Erik Frenken spielt gerne mit Kontrasten. Gedeckte Farben belebt er durch Prints, schlichte Seidenkleider durch Faltungen und Hosenanzüge durch frische Proportionen.
avelon.me; *s. Seite 136*

B

Baggu
Umwelt- und geschmacksfreundliche Nylon-Trage-taschen, die im Sortiment der Marke durch Canvas- und Ledertaschen ergänzt werden.
baggu.com; *s. Seite 79*

Balenciaga
Das geschichtsträchtige Maison wird aktuell durch den neuen Star der Pariser Modewelt, Demna Gvasalia, nebenbei Kreativ-Chef von Vetements, vertreten, der die bekannten Kokon-Schnitte durch Streetwear-Ele-mente aufmischt.
balenciaga.com, erhältlich u.a. über *matchesfashion.com*
s. Seite 28; *s. Seite 67*

Bella Freud
Bekannt für Cashmerepullover mit lässigem Text („Ginsberg is God"), die auch die Londoner Notting-Hill-Gang um Alexa Chung liebt.
bellafreud.com; *s. Seite 71*

Blk Dnm
Auf dem Einkaufszettel für Blk Dnm: eine der maskulin anmutenden Bikerjacken. Aber auch die Jeans, Sweatshirts und Tanktops mit Unisex-Appeal wären ein guter Kauf.
blkdnm.com; *s. Seite 163*

Bobby Kolade
Kein Leder, Fell oder Pelz. Bobby Kolade ist fortschritt-lich in seinem Verzicht auf tierische Materialien und unerschrocken in seinen Designs: ein Mix aus Urban Wear und *high fashion* in Primärfarben, der modische Kühnheit signalisiert.
bobbykolade.com; *s. Seite 78*

By Malene Birger
Ein Label, das in diesem Buch deshalb so häufig vorkommt, weil seine skandinavisch geprägte Eleganz eine Bereicherung für jede Garderobe ist.
bymalenebirger.com; *s. Seite 76–77*; *s. Seite 99*;
s. Seite 122; *s. Seite 150*

C

Cali Thornhill DeWitt für 032c
Der Künstler aus L.A. entwirft u.a. Merchandise für Kanye West. Für das Kulturmagazin *032c* hat er das Romy-Schneider-Memorial-Sweatshirt designt.
store.032c.com; *s. Seite 46*; *s. Seite 50*

Cartier
Ein Schmuckstück von Cartier erbt man. Noch besser, man bekommt es geschenkt. Am besten von sich selbst.
cartier.de; *s. Seite 48*; *s. Seite 50*

Céline
In der Mode hat man alles schon mal gesehen. Dachte man, bis Phoebe Philo 2009 als Kreativchefin bei Céline anfing und Kleidung zeigte, die so durchdacht, smart und schlicht schön war, dass sie damit die Modewelt umkrempelte.
celine.com; *s. Seite 7*; *s. Seite 92–93*; *s. Seite 108*;
s. Seite 110–111; *s. Seite 116*

Chanel
Man könnte ein ganzes Buch mit Zitaten von Coco Chanel und Karl Lagerfeld füllen, aber dieses von Mademoiselle Chanel fasst es zusammen: „Mode ist vergänglich, Stil bleibt."
chanel.com; *s. Seite 7*; *s. Seite 18*

Citizens of Humanity
So entspannt geschnittene Jeans aus schmeichelhaft weichem Denim, dass sie eigentlich nur aus Kalifornien kommen können. Tun sie auch. Bonus: die zu den Jeans passende, ebenso lässige Modekollektion.
citizensofhumanity.com, in Deutschland erhältlich u.a. über *mytheresa.com*; *s. Seite 134*; *s. Seite 164*

Closed
Kommt aus Deutschland, wird in Italien produziert und sieht so aus, wie man sich den Spätsommer in Schweden vorstellt: Jeans und Casualwear, mit Fokus auf Leinen, Strick und Wildleder.
closed.com; *s. Seite 48*

Comme des Garçons
Die androgyne Mode von Rei Kawakubo ist heute noch so visionär wie bei der Markengründung 1969. Einstiegskauf: die unverbesserlichen Streifen-Tops mit Herz-Aufnäher.
Flagshipstore Deutschland: Linienstraße 115, 10115 Berlin.
comme-des-garcons.de; *s. Seite 19*

Converse
Die *All-Star*-Basketballschuhe sind in ihrem Design seit Jahrzehnten unverändert und bekommen dafür eine Auszeichnung mit Sternchen.
converse.com; *s. Seite 38–39*

Cos
Auf zwei Dinge kann man sich bei der reduzierten Kleidung der H&M-Tochtermarke verlassen: 1. Man wird darauf angesprochen. 2. Keiner wird glauben, dass das Teil „nur von Cos" kommt.
cosstores.com; *s. Seite 7*; *s. Seite 102*; *s. Seite 164*

D

Daniel Wellington
Armbanduhren in zeitlosem Design.
danielwellington.com; *s. Seite 42*

Dries van Noten
Man hätte nichts dagegen, Dries van Notens kunstvolle Designs aus Jacquard und Seide als vermögende ältere Dame zu tragen. Oder auch schon jetzt.
driesvannoten.be; in Deutschland erhältlich u.a. über *mytheresa.com*; *s. Seite 154–159*

E

Edited The Label
Silhouetten, die Trends aufgreifen – check. Farben, die Lust aufs Ausprobieren machen – check. Preise, die ansprechend sind – check.
edited.de; s. Seite 89

Erdem
Designer Erdem Moralioğlu hat sich auf grazile Kleider mit Blumen-Prints spezialisiert, in denen man dennoch nie mit einem zarten Pflänzchen verwechselt wird und immer Komplimente erntet.
erdem.com; s. Seite 108; s. Seite 110

Everlane
Die *online-only*-Marke Everlane verkürzt den Weg zwischen Hersteller und Kunde, was bedeutet, dass sie hochwertige Basics wie T-Shirts, Trenchcoats, Leder-Shopper oder Loafer zu kleinen Preisen anbieten kann.
everlane.com; s. Seite 132–135

F

Filippa K
Filippa K ist gemeint, wenn es um den skandinavischen Stil geht: zurückhaltend, puristisch, qualitätsvoll.
filippa-k.com; s. Seite 151

Filippa & Florentine
Die Cashmereschals und Seidentücher des Hamburger Labels sind nachhaltig hergestellt und begleiten langfristig.
filippaflorentine.com; s. Seite 150

Folk Days
Fair produzierte Kleidung, Accessoires und Schmuck mit modischem Anspruch.
folkdays.de; s. Seite 128

Fonnesbech
Was ist das Gegenteil von Wegwerfmode? Fonnesbech, eine 1847 gegründete Marke, die 2014 mit dem Anspruch wiederbelebt wurde, Kleidung mit Nachhaltigkeitswert zu schaffen.
fonnesbech-cph.com, erhältlich u.a. über revenvert.com s. Seite 38–39; s. Seite 102

Frame Denim
Die auf Jeans basierende Mode von Frame Denim hätten California Girls in den 1970er Jahren getragen und hat eine moderne Schnittführung, die sie fürs Jetzt zeitgemäß macht.
frame-store.com, erhältlich u.a. über net-a-porter.com; s. Seite 162–163

Fred Perry
Die 1947 vom englischen Tennis-Ass Fred Perry gegründete Marke haben sich schon Punks, Mods und Skinheads angeeignet. Bis heute bleibt sie über jegliche politische Aussage erhaben und steht vor allem für die bekannten Poloshirts mit dem Lorbeerkranz.
fredperry.com; s. Seite 74

G

Ganni
Bei einem Spaziergang durch Kopenhagen kann man sich darauf verlassen, ständig Frauen in Ganni zu begegnen, dem dänischen Label für feminine und unkomplizierte Looks in angesagten Silhouetten.
ganni.com; s. Seite 19; s. Seite 36; s. Seite 103

Giuseppe Zanotti
Auf den exquisiten High Heels von Giuseppe Zanotti steht man wie auf einem Podest, und sicher werden sie auch deshalb von Stars wie Beyoncé, Taylor Swift und Gwen Stefani verehrt. Seine flachen Sandalen und Sneaker machen übrigens genauso viel her.
giuseppezanottidesign.com; s. Seite 57

Gucci
Lange war Gucci das Label für ostentative Sexyness, die in den V.I.P.-Ecken von Clubs gut ankam. Dann übernahm Alessandro Michele Anfang 2015 die kreative Leitung und zeigte plötzlich Kleidung für aparte Disko-Nerds. Seitdem gibt Gucci in Kreativität, Begehrlichkeit und Charme in der Mode den Ton an.
gucci.com; s. Seite 66; s. Seite 106; s. Seite 110

Goorin Bros
Fedoras und Schiebermützen, Baseball-Caps und Panamahüte, Strickmützen und Clochehüte – Goorin Bros haben für jeden Kopf den passenden Deckel.
goorin.com; s. Seite 148–149

H

H&M
Auch ein alter Bekannter wie H&M kann noch überraschen, zum Beispiel mit der *Conscious*-Kollektion, der *Studio*-Linie und den vielbeachteten Designer-Kollaborationen.
hm.com; s. Seite 7; s. Seite 54; s. Seite 98

Hermès
Die französische Institution steht für ikonische Lederwaren wie die *Birkin*- und *Kelly*-Taschen. Und auch die exquisiten Seidencarrés.
hermes.com; s. Seite 126–127

Horizn Studios
Reisegepäck, Taschen und Accessoires mit First-Class-Design und integrierter Smart-Travel-Technolgie wie zum Beispiel dem *Travel Assistent,* der einem die Organisation am Reisen abnimmt.
horizn-studios.com; s. Seite 20

Hugo Boss
Mit einem akkuraten Anzug von Hugo Boss kann ein Mann nichts verkehrt machen. Eine Frau mit dem smarten und unter der Regie von Jason Wu zarteren Entwürfen für die Womenswear-Kollektion allerdings auch nicht. Bester Kauf für beide: ein Smoking.
hugoboss.com; s. Seite 82–87

I

Ina Beissner
Unprätentiöser Schmuck, der sich durch einprägsame Designs wie die *Bell*- oder *Disc*-Serien abhebt. Neuerdings gibt es von Ina Beissner auch *fine jewellery*.
inabeissner.com; s. Seite 41–42

Isa Arfen
Bei ihrer ersten Kollektion 2011 hatte Serafina Sama die Jetset-Fotografien von Slim Aarons vor Augen und hat seitdem verschwenderische Rüschen, tropische Farben und spielerische Proportionen zu ihrem Markenzeichen gemacht, die auf bestmögliche Art nach exzentrischer Society-Prinzessin aussehen.
isaarfen.com, erhältlich u.a. über net-a-porter.com ; s. Seite 67

Isabel Marant
Schmal geschnittene Lederhosen, knappe Miniröcke, wuchtiger Strick, Hippie-Blusen und nebenbei die angesagtesten Schuhe der Saison. Bei Isabel Marant weiß man, was man kriegt. Und man nimmt es jederzeit gerne.
isabelmarant.com, erhältlich u.a. über stylebop.com; s. Seite 135–136

J

James Castle
Die makellos schlichten Handtaschen werden im Atelier des Berliner Designers per Hand aus feinem Leder gefertigt und aufgrund ihrer gedeckten Farben zu ständigen Begleitern.
jamescastle.de; s. Seite 20

Jane Kønig
Modeschmuck, der Laune macht aufs Wechseln: Stern-Ohrringen, Perlen-Earcuffs oder Ringen in Flechtoptik. Schönes Geschenk: die individuell gravierbaren *LoveTag*-Kettenanhänger.
janekoenig.de; s. Seite 100–101

J Brand
Bei Skinny Jeans gibt es nicht viel Spielraum für Fehler, und J Brand gelingt ein tadelloser Schnitt. Übrigens auch bei ihren anderen Jeans-Modellen.
jbrandjeans.com; s. Seite 14

Jil Sander
Die Ästhetik des Labels ist auch nach dem Weggang der namengebenden Firmengründerin unmissverständlich „Jil Sander" geblieben: pur, minimalistisch, schnörkel-los.
jilsander.com; s. Seite 66

Jimmy Choo
Im *Sex-and-the-City*-Jahrzehnt hatte man mit High Heels plötzlich eine Beziehung und rief sie zärtlich Manolos, Loubs und Choos. Die Serie ist längst abgelaufen, die Liebe zu den Schuhen hält.
jimmychoo.com; s. Seite 156

Joseph
Designerin Louise Trotter schafft Luxus für den Alltag: Cashmeremäntel, Tuniken, Lederhosen, Strick oder auch Jumpsuits, in „Passen zu allem"-Farben von Puder bis Schwarz.
joseph-fashion.com; s. Seite 94; s. Seite 147

Jouur
Der Name des Labels verrät's: Eine Kollektion aus Essentials wie Seidenbluse, Pumphose und Wollmantel, auf die man sich jeden Tag verlassen kann.
jouur.de; s. Seite 34

L

Lala Berlin
Designerin Leyla Piedayesh hat ihren Erfolg aus Wolle und Cashmere gestrickt und darauf mit urbaner Mode aufgebaut, die längst über Berlin hinaus bekannt ist, besonders für den Kufiya-Print.
lalaberlin.com; s. Seite 98; s. Seite 102

Le Specs
Eine Marke muss nicht aus Australien kommen, um Sonnenbrillen zu machen, deren Silhouetten so beachtungswürdig sind wie die Surferfiguren am Bondi Beach. Aber schaden tut es auch nicht.
lespecs.com; s. Seite 116

Leo Mathild
Vom Art déco inspirierter Modeschmuck, der wie echter Bling funkelt.
leomathild.com; s. Seite 84–86

Levi's
Diese Jeans sind so unverwüstlich, dass wir sie als Teenager getragen haben, jetzt wieder anziehen und hoffentlich noch ab 80 aus dem Kleiderschrank ziehen.
levi.com; s. Seite 14; s. Seite 64–67; s. Seite 71

Lika Mimika
Feine Espadrilles, Sandalen und Loafer mit der typischen Jutesohle, mit denen es sich im Sommer noch mal leichter läuft.
likamimika.com; s. Seite 129

Love Stories
Die holländische Lingerie-Marke muss man schon dafür lieben, dass man sich die verspielten BHs und Höschen nach dem „Mix and Match"-Prinzip zusammenstellen kann. Zum Sortiment gehören auch Pyjamas, Morgenmäntel und Loungewear.
lovestoriesintimates.com; s. Seite 78; s. Seite 103

Lululemon
Lululemon ist der Inbegriff von Athleisure: Sportkleidung als Statussymbol, die man auch außerhalb des Gyms gerne herzeigt. Flagshipstore Deutschland: Poststraße 9–11, 20354 Hamburg.
lululemon.com; s. Seite 134

M

Mads Nørgaard
Auf der Website von Mads Nørgaard stellt sich der Designer als Familienvater vor. So geerdet geht es auch in seiner Mode für Männer, Frauen und Kinder zu, in der Leisurewear wie Overalls, Blousons und T-Shirt-Kleider zum Standardprogramm gehören. Markenzeichen: die vielen Variationen des Streifen-Shirts.
madsnorgaard.com; s. Seite 14

Maison Labiche
Die T-Shirts, Marinières, Hemden und mehr von Maison Labiche sind über dem Herzen charmant mit Schriftzügen wie „Crazy in Love", „Blondie" oder auch „Rive Gauche" bestickt und können mit eigenem Text personalisiert werden.
maisonlabiche.com; s. Seite 57

Mansur Gavriel
Rachel Mansur und Floriana Gavriel können mit ihren Handtaschen, die schnörkelloses Design mit Tuschkastenfarben verbindet, gar nicht so schnell nachlegen, wie sie ausverkauft sind. Neuerdings gibt es von der Marke auch Wildledersandalen und -pantoletten, die versprechen, ein Renner zu werden.
mansurgavriel.com; s. Seite 20

Marc Jacobs
Der Showman unter den Designern, der stets an Trends vorbeidesignt und dabei Mode schafft, die wundervoll exzentrisch und stets erinnerungswürdig ist.
marcjacobs.com, erhältlich u.a. über net-a-porter.com; s. Seite 109; s. Seite 111

Marysia
Wenn es für Designer eine Ehre ist, von großen Modeketten kopiert zu werden, darf sich Marysia Dobrzanska Reeves geschmeichelt fühlen, denn ihre reduziert schönen Maillots und Bikinis mit dem prägnanten Wellenschnitt werden aktuell gerne nachgemacht. Das Original ist natürlich trotzdem am besten.
marysiaswim.com, erhältlich über matchesfashion.com; s. Seite 118

Max Mara
Ein Kamelhaarmantel von Max Mara gilt als Trophäenkauf, und auch darüber hinaus entspricht die italienisch erhabene Mode dem, was eine Dame von Welt trägt.
de.maxmara.com; s. Seite 142–143

Miu Miu
Die junge Linie von Miuccia Prada, deren adrettes Design die *cool girls* unter Schauspielerinnen anzieht, wie Léa Seydoux, Chloë Sevigny und Lupita Nyong'o.
miumiu.com; s. Seite 62; s. Seite 156

N

Nike
Die mit dem Swoosh.
nike.com; s. Seite 36; s. Seite 51

Nallik
Für ihr Schmucklabel verarbeitet Designerin Jean Balke rohe Halbedel- und Edelsteine zu Unikaten, die in gebürstetem Messing oder Silber eingefasst werden.
nallik.de; s. Seite 137

O

Olympia Le-Tan
Die aufwendig bestickten Minaudières und Handtaschen von Olympia Le-Tan zitieren Hochliteratur und Popkultur (und liegen im Preis etwa bei der Erstausgabe der Bibel. Halleluja!).
olympialetan.com; s. Seite 98–99; s. Seite 102

P

Pallas
An den ikonischen Schnitt eines Smokings angelehnte Anzüge, zu denen man gerne auch die dazu passende Haussmann-Wohnung in Saint-German-des-Prés hätte.
pallasparis.fr, erhältlich u.a. über net-a-porter.com s. Seite 24–28; s. Seite 31

Paula Cademartori
Die knallbunten Handtaschen von Paula Cademartori sind so unübersehbar extravagant wie ihre Schuhkollektion.
paulacademartori.com, erhältlich u.a. über thecorner.com s. Seite 12

PB0110
Bis ins Detail perfektionierte Taschen wie Bucket Bags, Schultertaschen und Shopper sowie Lederaccessoires in überraschenden Farben. Besonders schön allerdings aus Naturleder, das mehr Patina gewinnt, je länger man die Tasche trägt.
pb0110.de; s. Seite 20; s. Seite 42

Perret Schaad
Hannah Herzsprung, Aino Laberenz und Eva Padberg gehören zur Fangemeinde der Berliner Designerinnen Johanna Perret und Tutia Schaad, deren elegant drapierte Entwürfe aus Lieblingsmaterial Seide besonderen Applaus verdienen.
perretschaad.com; s. Seite 158

Poplin
Seidenpyjamas, die so luxuriös sind wie eine Übernachtung im Fünf-Sterne-Hotel.
poplin.co.uk; s. Seite 78

Prada
Wenn die Modewelt mit Miuccia Prada aufgeholt hat, ist das Orakel von Mailand schon einen Schritt weiter und entwirft die nächste kühne Kollektion.
prada.com; s. Seite 90

R

Ray-Ban
Kultisch verehrte Modelle wie *Aviator, Wayfarer* und *Clubmaster* dürfen zu Recht als unverbesserlich angesehen werden.
ray-ban.com; s. Seite 116

Rianna + Nina
Rianna Kounou und Nina Kuhn finden auf der ganzen Welt besondere Schals und Stoffe, die sie für ihr *cabinet de curiosité* zu einzigartigen Handtaschen, Kimonos und Blusen verarbeiten.
riannaandnina.com; s. Seite 71

Rika
Die Schwedin Ulrika Lundgren entwirft in Amsterdam Mode mit französischem Charme. Markenzeichen-Look: blaues Herrenhemd zu Bleistiftrock in Leo-Print und Bikerjacke.
rikastudios.com; s. Seite 7; s. Seite 137

Rosetta Getty
Der Nachname verortet Rosetta Getty in eine amerikanische Öldynastie, aber die Designerin hat in kurzer Zeit ihr eigenes Vermächtnis mit Mode geschaffen, die weiche Silhouetten mit feinsten Stoffen zu begehrenswerten Luxusstücken verbindet.
rosettagetty.com, erhältlich u.a. über *net-a-porter.com;
s. Seite 29*

Rover & Lakes
Die Eigenmarke von – Überraschung! – Galeria Kaufhof für erschwingliche Cashmerepullover mit perfekt maskulinen Schnitten.
galeria-kaufhof.de; s. Seite 134–137

Rupert Sanderson
High Heels mit wolkenkratzerhohen Absätzen sollten nicht bequem zu tragen sein, doch die von Rupert Sanderson gleichen architektonischen Wunderwerken, die erstaunlich komfortabel sind. Und in ihren dezenten Designs nebenbei wunderschön anzusehen. Sehr erbaulich übrigens auch Sandersons flache Schuhe.
rupertsanderson.com; s. Seite 92–93

S

Saint Laurent
Yves Saint Laurent war ein Künstler, dessen größte Werke – *Le Smoking,* das *Saharienne,* die transparenten Kleider – nicht nur darauf bedacht waren, Frauen stärker und strahlender zu machen, sondern immanent tragbar waren. Ein Prinzip, das zuletzt Kreativchef Hedi Slimane ins Heute übertragen hat.
ysl.com; s. Seite 163

Sandro
Eine dieser französischen Marken, wie auch Maje und The Kooples, die eine Brücke zwischen *High Fashion* und Massenware schlagen. Alleinstellungsmerkmal: Die femininen Entwürfe haben immer eine maskuline Kante und überraschen mit ungewöhnlichen Materialkombinationen.
sandro-paris.com; s. Seite 71

Scarosso
Klassiker wie Loafer, Chelsea Boots und Oxfords aus traditionell italienischer Manufaktur.
scarosso.com; s. Seite 36

Schott NYC
Seit Marlon Brando in *Der Wilde* die *Perfecto*-Bikerjacke trug, gehört die Outdoor-Bekleidung von Schott NYC zum amerikanischen Kulturgut.
schnottnyc.com, erhältlich u.a. über *frontlineshop.com
s. Seite 53*

Shoepassion
Rahmengenähte Qualitätsschuhe aus hochwertigem Leder. Nicht mehr. Aber auch nicht weniger.
shoepassion.de; s. Seite 140

Stance
„To take a stance" bedeutet übersetzt: Stellung beziehen. Wer die unübersehbaren Socken der Marke kennt, weiß, warum sie diesen Namen tragen.
stance.com; s. Seite 151

Stella McCartney
Stella McCartney ist eine Frau, die versteht, was Frauen tragen wollen. Bester Kauf: ein messerscharf geschnittener Hosenanzug.
stellamccartney.com; s. Seite 142

T

The Row
Die Zwillinge Mary-Kate und Ashley Olsen hätten sich auch auf ihrem Vermögen ausruhen können, das sie als Kinderstars verdient hatten. Stattdessen gründeten sie eine Marke für absolut erwachsene Mode, die reiner Luxus ist.
therow.com, erhältlich u.a. über *net-a-porter.com;
s. Seite 26; s. Seite 28*

Tiger of Sweden
Die Schweden definieren mit ihrer Mode für Büro und darüber hinaus den Begriff *smart casual* neu.
tigerofsweden.com; s. Seite 128

Timberland
Die berühmten *6-inch-Boots* sind so klassisch wie unverwüstlich.
timberland.de; s. Seite 48; s. Seite 50

Tom Ford
Hat den Sexappeal nicht erfunden, aber kein anderer Designer versteht sich so gut darauf, Verführung in Kleiderform zu entwerfen.
tomford.com, s. Seite 85

Tomas Maier
Der Deutsche Tomas Maier, Kreativchef von Bottega Veneta, bietet mit seiner eigenen Linie diskret glamouröse Mode, die nach mehr Urlauben in Süditalien verlangt.
tomasmaier.com, erhältlich u.a. über *net-a-porter.com
s. Seite 115*

Tommy Hilfiger Denim
Der unangefochtene Champion der amerikanischen Sportswear.
tommy.com; s. Seite 162–164

Topshop
Wer mal die Lust an Mode verliert, sollte zur Therapie in den Flagshipstore am Londoner Oxford Circus fahren, denn der Besuch löst einen sofortigen Endorphin-Schub aus. So viele Trends! Auf einmal! Und erst die Schuhabteilung! Kreisch!
topshop.com; s. Seite 57; s. Seite 76–77; s. Seite 162–164

U

Uniqlo
Beliebt für Basics wie Cashmerepullover, dünne Daunenjacken oder Chinos. Noch ein Grund mehr, hinzugehen: die Kollaborationen mit Luxus-Labels wie Lemaire und Stilikonen wie Carine Roitfeld.
uniqlo.com; s. Seite 75; s. Seite 132–136; s. Seite 151

V

van Laack
Akkurate Hemden, aus denen man mehr machen kann, wie Claire Beermann in „Die Klassiker" zeigt, die aber auch in ihrer Originalform tadellos sind.
vanlaack.com; s. Seite 10–14

Vans
Mit Slip-on- und High-Top-Sneakers kann man hervorragend Skateboard fahren und auch sonst ganz entspannt bleiben.
vans.de; s. Seite 79

W

Weekday
Urbane Basics, die für jeden Tag der Woche entworfen sind.
weekday.com; s. Seite 76–77

WoodWood
Skandinavischer Stil in Reinform: Streetwear mit dem Anspruch von *High Fashion.*
woodwood.com; s. Seite 13–15

Z

Zara
Keine Marke reagiert so schnell auf Trends und setzt sie so gekonnt um, dass man wöchentlich Teile findet, die mit der Designerware vom Laufsteg mithalten.
zara.com; s. Seite 36; s. Seite 75; s. Seite 163

0-9

3.1 Phillip Lim
Phillip Lim liefert sportlich raffinierte Kollektionen und garantiert mindestens ein Teil pro Saison, das sofort oben auf der Einkaufsliste landet.
31philliplim.com; s. Seite 12; s. Seite 54–55

DANK

An alle Frauen, die mir ihre Kleiderschränke geöffnet haben (und einen Mann, der mich in sein Atelier gelassen hat). Für euer Vertrauen und eure Zeit, für eure Klugheit und eure Klasse. Und dafür, dass ihr es mir so leicht gemacht habt, zu zeigen, was guter Stil ist.

An alle Frauen, die zwar nicht in diesem Buch vorkommen, beim Schreiben aber ständig in meinen Gedanken waren: Elisabeth, Alexa, Melanie, Miriam, Mosch, Lotti. Danke für eure Freundschaft und euren Humor. An Steffi für Rat, Tat und unermüdliches Zujubeln bis zur Ziellinie. Besonders an Okka, die Beste.

An Clare Langhammer und ihr Team von Fake PR für die fabelhafte Unterstützung. Und auch an Agency V, Prag Agency und Silk Relations, ohne die es in diesem Buch nur halb so viele schöne Dinge zu sehen gäbe.

An *Amica*, ein Magazin, das es leider längst nicht mehr gibt, für mein erstes Praktikum. Und an alle Magazine, die danach kamen. Dafür, dass aus der fixen Idee zu schreiben mein Beruf wurde.

An die Leser meines Blogs. Für den Enthusiasmus, die Wärme und das Dabeibleiben, wenn ich zwischendrin mal für eine Weile weg bin.

An Dr. Marcella Prior-Callwey, die sofort gesehen hat, was ich mit diesem Buch vorhatte. **An Anne-Sophie Zähringer** für ihre Expertise, ihr Verständnis und ihren Gleichmut, wenn ich mal wieder fragte: „Kann ich den Text auch morgen schicken?" **An Anne Funck,** der nichts entgeht.

An unsere Babysitterin Maite, ohne die dieses Buch schlicht nicht möglich gewesen wäre.

An Papa, dafür, dass er mir irgendwann seine erste Kamera geschenkt hat, und für all die Unterstützung, jederzeit.

An James und Arlo, meine zwei. Für alles.

An Emilie, Inge und Nina, von denen ich mir alles abgeschaut habe, was im Leben wichtig ist. Auch die Liebe zu Schuhen.

REGISTER